ファイナンス

資金の流れから経済を読み解く

佐々木浩二［著］

創 成 社

序

　「20世紀最大の経済学者」[1]といわれるケインズは，著書『貨幣論』に「貨幣的理論は，結局のところ，「いずれは万事説明がつく」ような真理についての，膨大な詳述以上のものではほとんどない。しかしこのことをわれわれに教え，そしてそれを納得のいくものにするためには，われわれは〔知識の〕完璧な財産目録をもっていなければならない」[2]と記しています。

　本書はこの言葉にしたがい，第1部でマネーの役割と金融政策について分析し，第2部で企業金融と証券決済について考察します。本書が知識の財産目録のうち重要なものを多く含んでいるか，読者の方々に判断を仰ぎたいと思います。

　ケインズは，「近年多くの人びとが，世界の貨幣的問題の処理方法について，不満をもつようになってきた。われわれは，まずいやり方をしているが，しかし，もっとうまくやるにはどうすればよいかは分かっていない」とも記しています[3]。『貨幣論』が著された1930年と比べて，社会は複雑になりましたが利用できるデータは増えています。多様なデータを読み解くことで現実を理解し，議論のもつれを解きほぐす手がかりを掴むことができればと考えています。

　本書の執筆に際して，創成社の西田徹氏にお世話になりました。ここに心より謝意を表します。本書に残された不備のすべては筆者に帰します。

---

1) 小畑二郎『ケインズの思想―不確実性の倫理と貨幣・資本政策』慶應義塾大学出版会，2007年，p.iから引用。
2) Keynes, John Maynard著，長澤惟恭訳『貨幣論Ⅱ 貨幣の応用理論』ケインズ全集第6巻，東洋経済新報社，2001年，p.430から引用。
3) Keynes, John Maynard著，長澤惟恭訳『貨幣論Ⅱ 貨幣の応用理論』ケインズ全集第6巻，東洋経済新報社，2001年，p.427から引用。

目　次

序

第1部　マネー

第1章　現金通貨 ——— 3
- ❶ 現金通貨　4
- ❷ 現金通貨による決済　5
- ❸ 現金通貨の発行と還収　6
- 補　論　現金通貨の発還と経済活動　9

第2章　預金通貨 ——— 12
- ❶ 預金通貨　12
- ❷ リテール決済　14
- ❸ ホールセール決済　15
- 補　論　マネーストック　23

第3章　信用創造 ——— 25
- ❶ 信用創造　25
- ❷ 貸出金の詳細　27
- ❸ 準備預金制度　30
- 補　論　金融機関の分類　34

第4章　コール市場 ——— 36
- ❶ 日銀当座預金　36
- ❷ コール市場　38
- ❸ 短資会社　41

第5章　金融調節 ——— 48
- ❶ 日銀当座預金の総額　48
- ❷ 日銀当座預金の総額の増減　49
- ❸ 金融調節　55
- 補　論　日本銀行のバランスシート　60

第6章　短期金利 ——— 64
- ❶ コールレート　64
- ❷ 金融調節の目標　67
- ❸ 伝統的な金融調節　68

第 7 章　量的・質的金融緩和 ──────────────────────────── 76
　❶　異次元緩和　76　　　　　　❷　金融調節の詳細　80
　❸　海図なき航海　87
　補　論　通貨発行益　91

第 2 部　証　券

第 8 章　株式会社 ─────────────────────────────── 97
　❶　法　律　97　　　　　　　　❷　会　社　98
　❸　株式会社の設立　104

第 9 章　株　主 ──────────────────────────────── 106
　❶　株主の権利　106　　　　　　❷　自益権　107
　❸　共益権　112

第 10 章　株　式 ──────────────────────────────── 116
　❶　株式の譲渡　116　　　　　　❷　金融商品取引所　117
　❸　募集株式の発行　120

第 11 章　社債と電子CP ─────────────────────────── 127
　❶　社　債　127　　　　　　　　❷　電子CP　133

第 12 章　証券の決済 ───────────────────────────── 139
　❶　証券の電子化　139　　　　　❷　上場株式の決済　142
　❸　普通社債，電子CPの決済　146

おわりに　151
索　引　152

第1部

マネー

第1章

現金通貨

　本書のタイトル「ファイナンス」には，支払いを済ませて，売買によって生じた債権と債務を消滅させるという意味があります。第1部で分析するのは，売買の成立から決済の完了までのプロセスです。

売　買　　⇒　　決　済

図表1－1　ファイナンス[1]

　売り手が買い手にモノを渡す約束をし，買い手が売り手にお金を渡す約束をすることを売買といいます。たとえば，私たちがウェブ上の書店で本を買うとき，私たちは書店に購入代金を払う約束をし，書店は私たちに本を渡す約束をします。

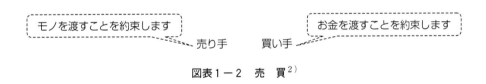

図表1－2　売　買[2]

　売買が成立すると，売り手にお金を受け取る権利が生じ，買い手にお金を払う義務が生じます。お金を受け取る権利のことを債権といい，お金を払う義務のことを債務といいます。売買によって生じた金銭の債権と債務は，買い手が支払いを済ませると消滅します。売買によって生じた金銭の債権と債務を消滅させることを決済といいます。

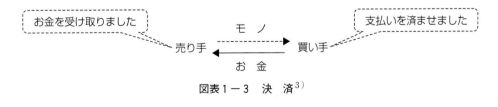

図表1－3　決　済[3]

1）田代（2015, p.169）によれば，ファイナンスの語根Finには「終る」という意味があり，Financeには「支払いの結末をつける」という意味がある。
2）民法555条と556条を参照。
3）民法399条から403条を参照。

売買によって生じた金銭の債権と債務を消滅させる力を持つモノをマネーといいます。本章では，私たちにとって最も身近なマネーである現金通貨について学びます。

❶ 現金通貨

国家は，何がマネーの単位であり，何がマネーなのかを定め，その取り決めを国民に広く知らせて守らせます。日本国では，通貨の単位及び貨幣の発行等に関する法律2条が「通貨の額面価格の単位」を円と定め，「日本銀行が発行する銀行券」と「貨幣」を通貨と定めています。日本銀行券とは一万円，五千円，二千円，千円の紙幣であり，貨幣とは五百円，百円，五十円，十円，五円，一円の硬貨です。日本銀行券と貨幣を現金通貨といいます[4]。

$$\text{国 家} \begin{cases} \text{マネーの単位}\cdots\text{円} \\ \text{何がマネーか}\cdots\text{日本銀行券，貨幣} \end{cases}$$

図表1－4　国家貨幣[5]

図表1－5の左図は日本銀行券の流通枚数を表しています。総数は1982年末の42億枚から2014年末の134億枚へ増えました。額面別にみると一万円札と千円札は多く，五千円札と二千円札は少ないことがわかります。表面に守礼門があしらわれた二千円札は2000年から発行されていますが，ここ数年の流通枚数は1億枚ほどです[6]。図表1－5の右図は貨幣の流通枚数を表しています。総数は1982年末の552億枚から2004年末の926億枚まで増えた後，減ってきています。額面別にみると百円，十円，一円の枚数が目立ちますが，バランスよく流通しているようです[7]。

---

4) 日本銀行券の額面については日本銀行法47条と日本銀行法施行令13条を，貨幣の額面については通貨の単位及び貨幣の発行等に関する法律5条と通貨の単位及び貨幣の発行等に関する法律施行令別表第1を参照。
5) 小泉・長澤訳（2001, p.4）に「貨幣と計算貨幣との区別は，計算貨幣は記述あるいは称号であり，貨幣はその記述に照応する物であるといえば，恐らく明らかにしうる」とある。また，小泉・長澤訳（2001, p.4）に「国家は，まず第一に，契約に含まれている名称もしくは記述に照応する物の支払いを強制する法の権威として現われる。しかし国家が，これに加えていかなる物がその名称に照応するかを定め，これを布告し，そしてその布告を時どき変更する権利を要求するとき―すなわち辞典を再編修する権利を要求するとき―国家は二役を演ずることになる。この権利は，すべて近代国家が要求しており，そして少なくとも約四〇〇〇年の間そのように要求し続けてきた」とある。通貨発行権は経済の側面からみた国家主権である。仮想通貨は無政府主義の浸透である。Bonar（1922）を参照。

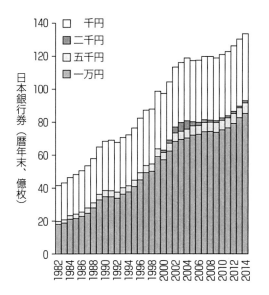
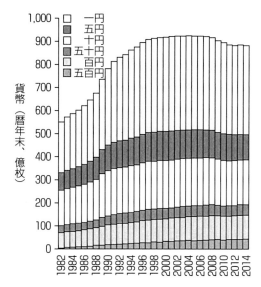

図表1－5　日本銀行券と貨幣の枚数[8]

2　現金通貨による決済

　日本銀行券と貨幣は支払いのとき受け取りを拒まれません。これを通用力といいます[9]。日本銀行券に強制通用力があることは，日本銀行法46条の「法貨として無制限に通用する」という条文から読みとれます。貨幣に通用力があることは，通貨の単位及び貨幣の発行等に関する法律7条の「額面価格の二十倍までを限り，法貨として通用する」という条文から読みとれます。一万円札を出せば1万円分の買い物ができ，五百円硬貨を出せば500円分の買い物ができるのは，これらの法律のおかげです。

6）　発行当時，ATM，自動販売機，駅の券売機などの対応が遅れた。近年更新された機器の多くも二千円札に対応していない。根本（2008）の第11章を参照。日本自動販売機工業会によると，2014年末の自動販売機，券売機，コインロッカー等の台数は504万台であった。日本銀行，銀行券発注高によると，2004年度から二千円札は発注されていない。2005年4月に二千円札流通促進委員会が発足し，普及に取り組んだが，2011年3月31日に解散した。沖縄県内の二千円札発行高については，日本銀行那覇支店，二千円札コーナーを参照。
7）　五円貨，五十円貨，五百円貨と五千円札の流通枚数が他の額面に比べて少ないことについては北村（1999）を参照。
8）　日本銀行，通貨流通高からデータを取得し作成。
9）　中央銀行と通貨発行を巡る法制度についての研究会（2004, pp.53-59, pp.66-74）を参照。現金通貨には強制通用力，支払完了性，匿名性があるため誰も受け取りを拒まない。この性質を一般受容性という。日本銀行金融研究所編（2011, p.45）を参照。

図表1-6　現金通貨の通用力

　売買によって生じた債権と債務は，買い手が売り手に現金通貨を渡すと消滅します。私たちの財布に入っているお札と硬貨には，金銭の債権と債務を消滅させる力があります。

図表1-7　現金通貨による決済

❸ 現金通貨の発行と還収

　現金通貨は日銀当座預金を経由して私たちの手元にとどきます。日銀当座預金とは，銀行などの金融機関が日本銀行にしている預金です。

　図表1-8の左図は，日本銀行券が私たちの手元にいたる経路を表しています。日本銀行から発注を受けた財務省は発行計画を立て，所管の独立行政法人である国立印刷局に製造を依頼します。製造された銀行券は，製造費とひきかえに国立印刷局から日本銀行へ引き渡されます。日本銀行にある銀行券は，金融機関が日銀当座預金を引き出すと金融機関へわたり，私たちが金融機関から預金を引き出すと私たちの手元にとどきます[10]。

　図表1-8の右図は，貨幣が私たちの手元にいたる経路を表しています。貨幣の発行者である財務省は製造枚数を決め，所管の独立行政法人である造幣局に製造を依頼します。製造された貨幣は，製造費とひきかえに造幣局から財務省へ引き渡され，財務省が日本銀行に交付します。日本銀行にある貨幣は，日本銀行券とおなじように日銀当座預金を経由して金融機関へわたり，金融機関から私たちの手元にとどきます[11]。

---

[10] 日本銀行，第130回事業年度財務諸表等によると，平成26年度に日本銀行が国立印刷局へ払った日本銀行券の製造費は515億円であった。

[11] 財務省，平成26年度実施事業に係るレビューシート，4.通貨及び信用秩序に対する信頼の維持，貨幣の製造に必要な経費によると，平成26年度に財務省が造幣局に払った費用は148億円であった。

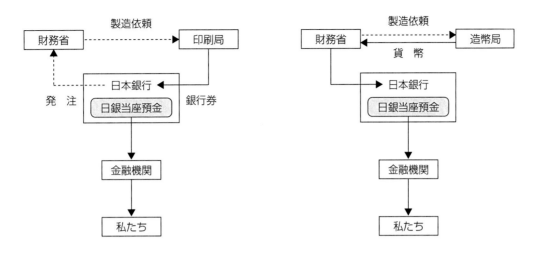

図表1-8　現金通貨の発行[12]

　私たちの手元にとどいた現金通貨は，支払いにつかわれます。支払いにつかわれた現金通貨の一部は，次ページの図表1-9のように，金融機関へ預け入れられます。現金通貨を受け取った金融機関は，必要を超える額を日銀当座預金の口座に入金する形で日本銀行へ預け入れます。これを現金通貨の還収といいます。日本銀行は，還収された日本銀行券の汚れや傷みを調べます。また，万が一にも偽造紙幣が紛れ込んでいないか検査します。これを鑑査といいます[13]。汚損が目立つお札は消却されます。よくつかわれる五千円札と千円札は1～2年で消却され，一万円札は4～5年で消却されます。紙幣より丈夫な硬貨も，製造から30年も経つと変形したり磨耗したりするので鋳潰されます[14]。鑑査された現金通貨のうち，問題がないものはふたたび社会へ送り出されます。

---

12) 日本銀行発券局（2006）のBOX1図表を参考に作成。現金通貨の製造と発行については，通貨の単位及び貨幣の発行等に関する法律2条と4条，日本銀行法46条から49条，独立行政法人国立印刷局法11条と12条，独立行政法人造幣局法11条と12条，財務省，わが国の紙幣，財務省，わが国の貨幣を参照。国立印刷局から日本銀行に納入される銀行券を「官封」，鑑査の後再度発行される銀行券を「日銀封」という。現金通貨の発還と日本銀行のバランスシートの関係については本書第5章の補論を参照。
13) 日本銀行は2004年度末に113台の銀行券自動鑑査機を保有していた（日本銀行発券局，2006，p.46）。通貨を傷つけたり偽造したりすると重罰に処せられる。日本銀行法施行規則7条と8条，刑法148条から153条，通貨及証券模造取締法，紙幣類似証券取締法，すき入紙製造取締法，貨幣損傷等取締法，警察庁，捜査活動に関する統計等，財務省，偽造・変造，佐伯（2004），日本経済新聞1990年1月29日と2013年12月3日の記事を参照。
14) 日本銀行金融研究所編（2011, p.53），独立行政法人造幣局，貨幣Q&A，貨幣の耐用年数は何年ですか？を参照。

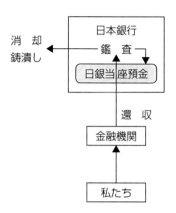

図表 1 − 9　現金通貨の還収，鑑査，消却[15]

　図表 1 − 10は日本銀行券と貨幣の枚数を発行，還収，消却の段階別に集計した表です。傷みやすい日本銀行券は，流通枚数の75％ほどが還収され，鑑査枚数の25％ほどが消却されています。耐久性が高い貨幣は，流通枚数の 3 ％ほどが還収されています。

	日本銀行券	貨　幣
流　通	134	883
発　行	105	23
還　収	101	26
鑑　査	102	---
消　却	26	---
発　注	30	11

図表 1 − 10　現金通貨（2014年度，億枚）[16]

15）日本銀行月報，1994年10月号，p.28，図表21を参考に作成。
16）日本銀行，通貨流通高，日本銀行，銀行券および貨幣受払高等からデータを取得。流通高は2014年末の値である。貨幣の発注高は官封引取高である。貨幣の鑑査枚数と消却枚数のデータは公表されていない。貨幣の消却額については，日本銀行，第130回事業年度財務諸表等にある政府勘定保管金の470億円（平成26年度末）という値が参考になる。

補 論　現金通貨の発還と経済活動

　図表1－11の左図は現金通貨の発行と還収を表しています。発行高と還収高は，ともに1999年の90兆円規模から2014年の60兆円規模へ30兆円減りました。発行高と還収高の差は現金通貨流通高の増減と等しくなります。図表1－11の右図は現金通貨流通高の増減を保有主体別に表しています。1999年には2000年問題のために流通高が増えました。2000年問題とは，1999年12月31日から2000年1月1日へ移るとき，コンピューターが誤作動を起こして金融システムが混乱するという問題です。現金が引き出せなくなると困るので，人々は多くの現金を手元においていました。2000年にはこの問題が解消し，流通高は減りました[17]。2000年代前半は金融危機のために流通高が増えました。預金をしている銀行が破綻すると，預金は払い戻されなくなる恐れがあります。財産を保全しようと考えた人々は，預金の一部を現金化して自宅などに保管しました。

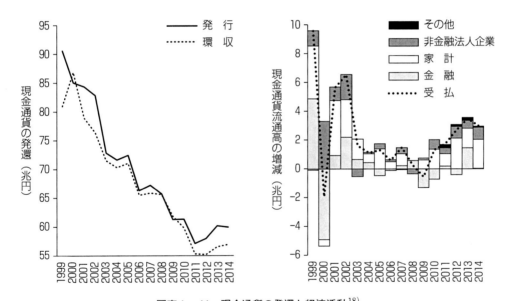

図表1－11　現金通貨の発還と経済活動[18]

---

17) 大規模な障害は生じなかった。日本銀行（1999）を参照。
18) 全国銀行協会，決済統計年報，日本銀行，現金および貨幣受払高等，日本銀行，資金循環からデータを取得し作成。左図は2001年まで日本銀行券の受払を，2002年以降は日本銀行券と貨幣の受払を表示している。右図の家計は個人企業を含む。世帯数については総務省，住民基本台帳に基づく人口，人口動態及び世帯数を，個人企業数については総務省統計局，経済センサスを参照。右図の家計と民間非金融法人企業の保有額は，現金通貨の総額から他部門分を差し引き，残りを預金者別預金の流動性預金保有比率を準用して按分し，推計している。日本銀行調査統計局（2005, p.2－60）を参照。

預金の一部を現金化して自宅などに保管することをたんす預金といいます。たんす預金はどれほどあるのでしょうか。図表1－12の左図は家計部門の現金保有高と小売販売額の増減を表しています。家計部門の現金保有高増減と小売販売額の増減との差が小さいのは2004年から2008年と2011年，2013年，2014年です。両者の差が大きいのは，2000年問題と金融危機の影響を受けた1999年から2000年代前半までと，リーマンショックの影響を受けた2009年，2010年です。ここでは，金融不安の時期に大きくなるこの差がたんす預金の増減を表すと考えます。すなわち

たんす預金の増減 ＝ 家計部門の現金保有高増減 － 小売販売額増減

また，たんす預金はすべて一万円札でなされると想定して，千円札の発行枚数を超える一万円札をたんす預金と考えることもできます。すなわち

たんす預金の増減 ＝10000×（一万円札の発行枚数増減 － 千円札の発行枚数増減）

図表1－12の右図はたんす預金の累計値を推計したものです。2つの方法で得られた推計値に大きな差はありません。1998年末から2014年末にかけて，たんす預金は26兆円ほど増えたと推定されます。

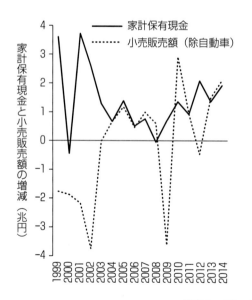
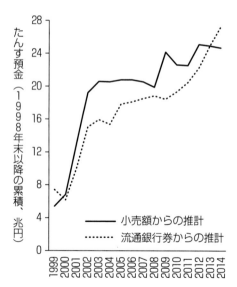

図表1－12　たんす預金[19]

---

19) 経済産業省,商業動態統計，日本銀行,資金循環，日本銀行,通貨流通高からデータを取得し作成。2002年1月にUFJ銀行が，2002年4月にみずほ銀行がシステム障害を起こしたこと，2002年4月にペイオフが部分解禁されたこと等もたんす預金を増やした。たんす預金については大谷・鈴木（2008）を参照。経済活動と通貨流通高の関係については日本銀行月報1963

参考文献

- 内本憲児・上田淳二『日本の硬貨流通量の構造変化』PRI Discussion Paper Series, 13A-02, 2013年。
- 大谷聡・鈴木高志『銀行券・流動性預金の高止まりについて』日銀レビュー, 2008-J-9, 2008年。
- 北村行伸『貨幣の最適な発行単位の選択について』金融研究, 18, 5, 237-248, 1999年。
- 北村行伸・大森真人・西田健太『電子マネーが貨幣需要に与える影響について：時系列分析』PRI Discussion Paper Series, 09A-12, 2009年。
- 齋藤克仁・高田英樹『銀行券発行残高の伸び率低下の背景』日銀レビュー, 2004-J-5, 2004年。
- 佐伯仁志『通貨偽造罪の研究』金融研究, 23, 117-177, 2004年。
- 田代正雄『語源中心英単語辞典』南雲堂, 2015年。
- 中央銀行と通貨発行を巡る法制度についての研究会『「中央銀行と通貨発行を巡る法制度についての研究会」報告書』金融研究, 23, 1-116, 2004年。
- 中田真佐男『電子マネーが既存の現金需要に及ぼす影響―種類別貨幣需要関数の推定による実証分析』PRI Discussion Paper Series, 07A-19, 2007年。
- 日本銀行『コンピューター2000年問題に関するわが国金融界の対応状況―2000年問題対応の最終段階を迎えて―』1999年。
- 日本銀行金融研究所編『日本銀行の機能と業務』有斐閣, 2011年。
- 日本銀行調査統計局『資金循環統計の作成方法』2005年。
- 日本銀行発券局『新しい日本銀行券の普及状況―改刷から１年を経て―』日本銀行調査季報, 2006年１月号, 43-58, 2006年。
- 根本忠明『銀行ATMの歴史　預金者サービスの視点から』日本経済評論社, 2008年。
- Keynes, John Maynard著, 小泉明・長澤惟恭訳『貨幣論Ⅰ 貨幣の純粋理論』ケインズ全集第5巻, 東洋経済新報社, 2001年。
- Bonar, James, 1922, Knapp's Theory of Money, Economic Journal, 32, 125, 39-47.

Reading List

- 津田一志・宮崎崇『近年のATMサービスの動向について―ATM提携による手数料優遇とネットワークの強化―』信金中金月報, 7, 2, 4-19, 2008年。
- 日本銀行鹿児島支店『日本銀行鹿児島支店からみた近年の現金の流通形態の変化～銀行券の受払額の推移に関する解説～』2013年。
- 日本銀行福岡支店『九州における最近の銀行券受払動向の特徴とその背景』2014年。
- Fish, Tom, and Roy Whymark, 2015, How Has Cash Usage Evolved in Recent Decades? What Might Drive Demand in the Future?, Quarterly Bulletin, 2015Q3, 216-227, Bank of England.
- Retail Banking Research, Global ATM Market and Forecasts to 2019.

年11月号，日本銀行月報1994年10月号，齋藤・高田（2004），中田（2007），北村他（2009），内本・上田（2013）を参照。日本銀行発券局（2006）の図表２によると，改刷から約１年後の段階で一万円札の新券切替率は59.5％であり，五千円札（68.5％），千円札（67.7％）より低い。旧一万円札の流通動向にも留意する。

第2章

預金通貨

　前章では身近なマネーである現金通貨について学びました。本章では，便利なマネーである預金通貨について説明します[1]。

1　預金通貨

　預金通貨とは，私たちや企業が銀行などに預けているマネーです。私たちや企業が銀行に現金通貨を預けると預金残高は増え，銀行から現金通貨を引き出すと預金残高は減ります。預金は「銀行に預けている現金」，または「現金の代替物」とみなすことができます。

図表2－1　現金通貨の出し入れと預金通貨の増減[2]

　預金には当座，普通，貯蓄，通知，別段，納税準備，定期，据置など多くの種類がありますが，特に重要なのは当座預金と普通預金です。図表2－2は当座預金と普通預金の量を表しています。当座預金と普通預金の総額は増えてきています。普通預金については2001年から2002年にかけての増加が目立ち，当座預金については2004年から2005年にかけての増加が目立ちます。これらの増加は，段階的に実施されたペイオフを反映している

1）小泉・長澤訳（2001, p.23）に「銀行貨幣を使うことには，現金を使うことよりもすぐれた多くの便宜と付随的な利点とがある」とある。
2）中央銀行と通貨発行を巡る法制度についての研究会（2004, pp.59-66）を参照。小泉・長澤訳（2001, p.24）に「銀行は現金」「の形で受け取った金額に対して，個々の預金者の名義で預金を創造する」とある。また，小泉・長澤訳（2001, p.16）に「銀行貨幣の使用は，多くの場合債務それ自身の移転が，債務を表示している貨幣の移転とまったく同様に取引の決済に役立ちうるという発見以外の何ものにも依存するものではない」とある。

と考えられます。ペイオフとは金融機関が破綻したときに預金を守るしくみです。2002年4月には、守られる定期預金の上限が1,000万円に制限されたため、多額の定期預金が普通預金へ繰り入れられました。2005年4月には、守られる普通預金の上限が1,000万円に制限されたため、多額の普通預金が当座預金に繰り入れられました[3]。保有主体別にみると、当座預金の大半を一般法人が保有し、普通預金の70％ほどを個人が保有していることがわかります。

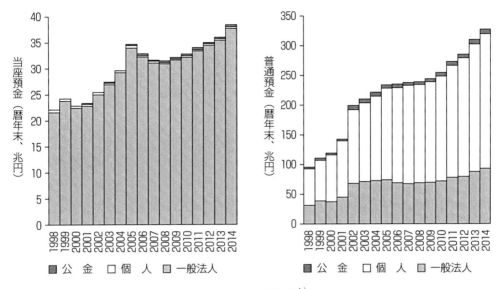

図表2－2　預金量[4]

　現金の代替物である預金は支払いにつかえます。電気、ガス、水道の料金を払うとき、私たちは普通預金をつかうことがあります。原材料の仕入代金や生産設備の導入費用を払うとき、企業は当座預金をつかうことがあります。預金は自動引き落としや振り込みなどの形で支払いにつかえる便利なマネーです。

---

3) 預金保険法、預金保険機構（2015, p.5）を参照。2005年のペイオフ解禁時にはマンション管理組合等による資金移動がみられた。
4) 日本銀行、預金・現金・貸出金（国内銀行（銀行勘定））からデータを取得し作成。国内銀行など金融機関の分類については本書第3章の補論を参照。小泉・長澤訳（2001, p.35）に「個人が自己の所得から補充し、その個人的支出およびその個人的貯蓄に当てるために用いる預金を、われわれは所得預金（income deposits）と呼ぶことにしよう」。「営業的取引のある部分は、その営業の性質によってさまざまではあるけれども、受取人が現金もしくは銀行預金の一時的な残高を保有していることになるという結果をもたらすであろう」。「営業目的のために保有されるこのような預金を、われわれは営業預金（business deposits）と呼ぶことにしよう」とある。

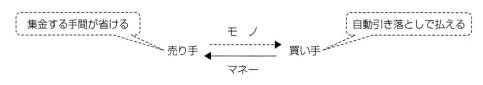

図表2－3　預金通貨による決済[5]

　預金による決済はリテールとホールセールの二層からなります。リテールとは，私たちや企業が金銭の債権と債務を解消する決済の場です。ホールセールとは，私たちや企業の預金を受け入れている銀行が金銭の債権と債務を解消する決済の場です。預金で決済される取引には内国為替，手形取引，証券取引，外国為替などがありますが，本章では内国為替について説明します。

❷　リテール決済

　リテール決済は全銀システムという連絡役を介して行われます。たとえば，図表2－4のように，銀行Aに口座を持つ私たちが，銀行Bに口座を持つ通販業者にテレビの購入代金10万円を払うとしましょう。このとき，私たちは銀行Aに通販業者向けの振り込みを依頼します。依頼を受けた銀行Aは，私たちの預金残高を10万円減らし，全銀システムへ「通販業者の口座に10万円を入金するよう，銀行Bへ伝えてください」と連絡します。連絡を受けた全銀システムは，その旨を銀行Bへ伝え，銀行Bは通販業者の預金残高を10万円増やします。リテール決済が完了すると，テレビの売買によって生じた私たちの金銭債務と通販業者の金銭債権は消滅します。

図表2－4　リテール決済[6]

---

5) 小泉・長澤訳（2001, p.6）に「それ自身本来の貨幣に対する便利な代替物である」「銀行貨幣は，単に計算貨幣で表示される私的な債務の承認にすぎないのであって，それは人びとの手から手へと渡されることにより，取引の決済のために本来の貨幣と交互に並んで使用される」とある。

6) 日本銀行決済機構局，「決済動向」の解説，別紙の図，中央銀行を通じた資金決済に関する法律問題研究会（2010, p.109）の図を参考に作成。全国銀行資金決済ネットワークが提供する決済関連サービスを本書は「全銀システム」と表記する。

図表2－5は他行向けの内国為替取扱高を表しています。取扱金額は1987年の1,023兆円から2014年の2,899兆円へ増えました。取扱件数は1987年の5億件から2014年の15億件へ増えました。種類別にみると振込が金額の97％，件数の79％を占めていることがわかります。給与振込は金額の2％，件数の20％を占め，送金と代金取立は，金額と件数ともにごくわずかです。

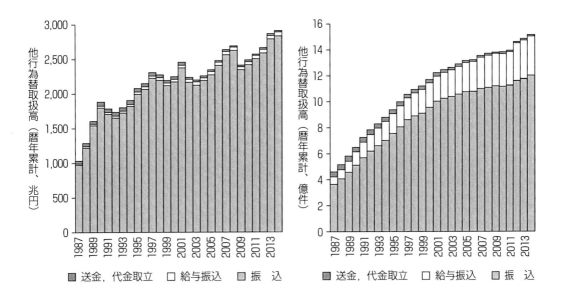

図表2－6　新日銀ネット[8]

3 ホールセール決済

リテール決済を終えると，売買によって生じた私たちや企業の債権と債務は消滅しますが，リテールの立て替え払いをした銀行間の債権と債務は残ります。これを解消する決済の場をホールセールといいます。ホールセール決済では，1億円未満の小口取引と1億円以上の大口取引を分けて決済します。小口取引はその日の終わりにまとめて決済し，大口取引は日中にほぼリアルタイムで決済します。

　　　　1億円未満（小口内為）……その日の終わりにまとめて決済

　　　　1億円以上（大口内為）……日中にほぼリアルタイムで決済

図表2－6　新日銀ネット[8]

決済手順を詳しくみましょう。まず小口内為について例を用いて説明します。図表2－7の上段のように，ある日の取引が銀行Aから銀行Bへの10万円の支払いと，銀行Bから銀行Aへの30万円の支払いの2件だけであったとしましょう。全銀システムは，図の下段のように，2件の取引によって生じた債務，すなわち銀行Aが負う10万円の債務と銀行Bが負う30万円の債務，を引き受けます。全銀システムが債務を引き受けることで，たとえ銀行Aが支払い不能に陥っても銀行Bは全銀システムから10万円を受け取れるようになり，銀行Bが支払い不能に陥っても銀行Aは全銀システムから30万円を受け取れるようになります。債務引受によって決済の安全性は高まります。

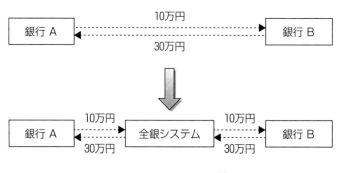

図表2－7　債務引受[9]

全銀システムは債務を引き受けるとともに，銀行Aから10万円を，銀行Bから30万円を受け取る権利を得ます。これらの債権と引き受けた債務をあわせて，図表2－8のように，銀行Bから全銀システムへの20万円の支払いと，全銀システムから銀行Aへの20万円の支払いにまとめます。決済額を減らして資金効率を高めるこの作業を清算といいます。

7）全国銀行協会，決済統計年報からデータを取得し作成。合併，破綻等により取扱加盟銀行数は1987年の5,298から2014年の1,340へ減少した。日本銀行，統計，主要不連続情報，(1)銀行・信用金庫間の合併，分割，営業譲渡等を参照。

8）新日銀ネットは2015年10月13日に全面稼働した。決済手順の詳細は全国銀行資金決済ネットワーク，業務方法書，日本銀行，業務上の事務連絡，日銀ネット関連，諸規定・マニュアル類，日本銀行，当座勘定規定，土屋（2012a, 2012b, 2012c），日本銀行（2013, 2015），日本銀行決済機構局（2008, 2009, 2011）等を参照。

9）資金決済に関する法律2条，64条，65条を参照して作成。全銀システムは8時30分から15時30分まで振込入金依頼を受け付ける。日本銀行，決済動向によると，2014年の全銀システムによる債務引受額は1件あたり53万円であった。

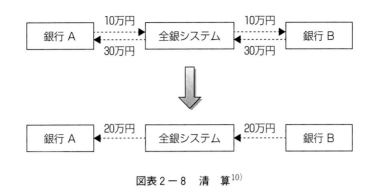

図表 2 − 8　清　算[10]

　清算をして明らかになった受け払いの差額は，その日の終わりにまとめて決済します。決済の開始時刻までに，全銀システムは受け払いの差額を日本銀行へ連絡し，日本銀行は受け払いの差額を各金融機関に伝えます。決済の開始時刻に，日本銀行は銀行Bの日銀当座預金を20万円減らし，全銀システムの日銀当座預金を20万円増やします。つづいて全銀システムの日銀当座預金を20万円減らし，銀行Aの日銀当座預金を20万円増やします。決済が完了すると，日本銀行はその旨を銀行A，銀行B，全銀システムへ連絡します。

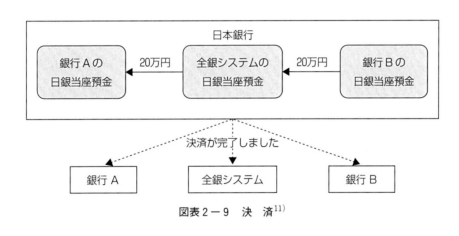

図表 2 − 9　決　済[11]

---

10) 全国銀行資金決済ネットワーク,業務方法書,45条，49条，50条を参照して作成。
11) 日本銀行信用機構室 (2003) の図表１を参考に作成。通常16時15分から決済するが，月末など繁忙日（延長日）は17時15分から決済する。延長日については日本銀行業務局,延長日における為替決済開始時刻等の繰り下げ等に関する件を参照。決済には各行決済母店の日銀当座預金（通常口）が用いられる。各行の決済母店は日本銀行,日本銀行金融ネットワークシステム・金融機関等コード一覧を参照。小泉・長澤訳 (2001, pp.28-29) に「毎日ある銀行から（もしくはある銀行へ）他の銀行へ（もしくは他の銀行から）差引きどれだけ支払われるべきかを計算する。最終的な差額を決済するためには，もし必要ならば現金が用いられることもあろうが，しかし銀行は便宜上一般には日々の決済のために一つの選ばれた銀行―時として銀行家の銀行と呼ばれているもの―に対する請求権を受け取るのであって，この銀行は通常は中央銀行」である，とある。

図表2-10は小口内為の決済を表しています。取扱額と決済額を表す左図をみると，1営業日あたり3兆円を超える取引を決済するために，日銀当座預金を7,000億円ほどつかうことがわかります。清算によって，決済に要する日銀当座預金は取扱金額の5分の1になります。決済が1年で最も多いピーク日には，取扱額が通常の5倍になります。取扱件数を表す右図をみると，1営業日あたり600万件ほどであることがわかります。これらはすべて全銀システムとの取引に置き換えられます。2016年1月12日現在で全銀システムと直接決済する金融機関は144ありました[12]。したがって，600万件の取扱件数は144の取引に集約されます。決済が1年で最も多いピーク日には，取扱件数が通常の5倍になります。

「銀行が3時に店舗を閉めてしまうのはなぜだろう」と不思議に思うことがありますが，3時以降，銀行はその日の決済関連業務に忙殺されています[13]。

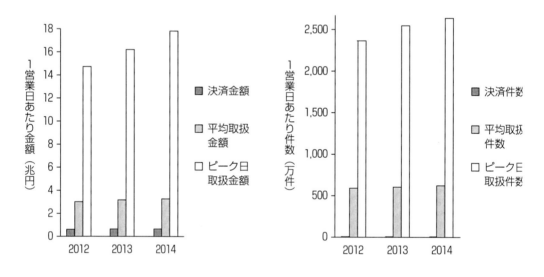

図表2-10 小口内為の取引と決済[14]

大口内為についても例を用いて説明します。図表2-11のように，銀行Aに口座を持つ企業Xが，銀行Bに口座を持つ企業Yに5億円を振り込むとしましょう。企業Xから振込依頼を受けた銀行Aは，企業Xの預金残高を5億円減らし，全銀システムへ「当行に口

---

[12] 全国銀行資金決済ネットワーク，利用金融機関一覧，清算参加者，全国銀行資金決済ネットワーク，業務方法書，43条を参照。
[13] 銀行法15条，銀行法施行規則16条を参照。
[14] 日本銀行，決済動向からデータを取得し作成。1営業日平均は発信日基準，ピーク日は決済日基準である。

座を持つ企業Xが，銀行Bに口座を持つ企業Yに5億円払います」と連絡します。連絡を受けた全銀システムは，すぐにその旨を日本銀行へ伝えます。日本銀行は銀行Aの日銀当座預金を5億円減らし，銀行Bの日銀当座預金を5億円増やして，ホールセール決済が完了したことを全銀システムへ連絡します。連絡を受けた全銀システムは，5億円が入金されたことを銀行Bに伝えます。入金を確認した銀行Bは，企業Yの預金を5億円増やします。日銀当座預金の入金を確認してから企業Yの預金を増やすことで，銀行Bは決済の安全を確保できます。

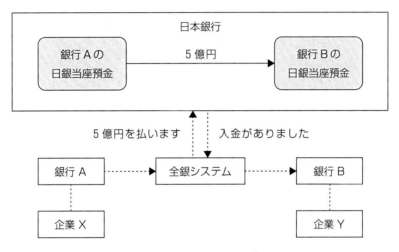

図表2－11　大口内為[15]

　銀行は，日銀当座預金の残高が十分でないときに大口の振込依頼を受けることがあります。次ページの図表2－12の状況では，銀行Aは銀行Bから9億円を受け取れば支払うことができ，銀行Bは銀行Aから10億円を受け取れば支払うことができますが，支払いを受けるまでは両行とも資金が足りず，決済できません。

　このとき，銀行Aが「銀行Bから9億円を受け取ってから銀行Bへ払おう」と考え，銀行Bが「銀行Aから10億円を受け取ってから銀行Aへ払おう」と考えてしまうと，2件の振込依頼は決済されないままになります。この現象をすくみといいます。

　日本銀行は，すくみを解消するために，日銀ネットに流動性節約機能を付けています。流動性節約機能とは，図表2－13のように，銀行Aから銀行Bへの10億円の支払いと銀行Bから銀行Aへの9億円の支払いを束ね，銀行Aから銀行Bへの1億円の支払いで2件の決済を完了する機能です。この機能によってすくみは解消されます。大口内為の20%

---

15) 大口内為の決済には各行決済母店の日銀当座預金（同時決済口）が用いられる。新日銀ネットは通常8時30分に開局するが，延長日には7時30分に開局する。日本銀行，新日銀ネットの稼働時間について（2013年7月26日）を参照。

ほどは流動性節約機能を用いて決済されます。残りの80％ほどは，束ねる対向振替依頼がないため1件ずつ決済されます[16]。

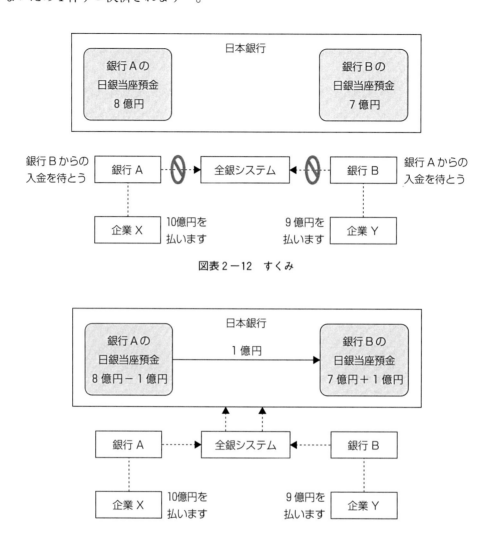

図表2-12　すくみ

図表2-13　すくみの解消[17]

---

16) オフセットされず，日銀当座預金額が振替依頼額に満たないとき，振替依頼は日銀ネットの待ち行列に並ぶ。待ち行列に並ぶ振替依頼数の上限は6,000件である。大口内為の振替依頼から決済まで平均1分ほどを要する。土屋（2012a, p.5）の図表7，土屋（2012b, p.8）を参照。多者間同時決済処理については土屋（2012c）を参照。

17) 自行の日銀当座預金額と対向振替による入金見込額の和が自行の振替依頼額を超えないとき，オフセットされる。図では，銀行A（8億円＋7億円＞10億円）と銀行B（7億円＋8億円＞9億円）ともに条件を満たしているため，オフセットされる。オフセッティングは小口内為の清算（ネッティング）と異なり，取引によって生じた債権と債務を全銀システムが引き受けない。中島・宿輪（2014, p.281）を参照。

図表2−14は大口内為の決済を表しています。1営業日あたりの決済額は9兆円，決済件数は1万件ほどです。決済が1年で最も多いピーク日には，決済額と決済件数が通常の6倍になります。

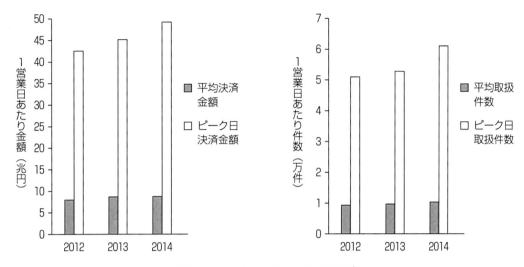

図表2−14 大口内為の取引と決済[18]

図表2−15は内国為替の特徴をまとめた表です。小口内為では，全銀システムが大きな役割を演じて決済の効率を高めています。大口内為では，全銀システムは連絡役に徹し，日本銀行が流動性節約機能を提供して決済の安全と効率を高めています。

	小口内為	大口内為
取引金額	1億円未満	1億円以上
全銀システムの役割	債務引受，清算，通知	通知
決済のタイミング	その日の夕刻	ほぼリアルタイム
決済口	通常口	同時決済口
特　長	効率性	安全性，効率性

図表2−15 内国為替

次ページの図表2−16は決済に用いられる日銀当座預金の額を表しています。本章で学んだ小口内為と大口内為は決済額の8％ほどです。そのほかの決済については，この後の諸章で学びます。

---

18) 日本銀行,決済動向からデータを取得し作成。

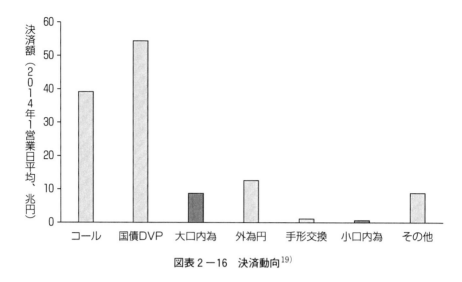

図表 2－16　決済動向[19]

---

19) 日本銀行，決済動向からデータを取得し作成。小泉・長澤訳（2001, pp.48-49）に「生産および所得の統計が，金融的取引という巨額のまた変化しやすい要因によって曖昧にされているということは，現代の貨幣的諸問題に関する信頼できる帰納的結論に達することに対して，重大な妨げとなっている」とある。

20) 日本銀行調査統計局（2014, p.1-1）を参考に作成。預金通貨は要求払預金（当座，普通，貯蓄，通知，別段，納税準備の各預金）から対象金融機関保有手形・小切手を除いたものである。準通貨は定期預金，据置預金，定期積金，外貨預金からなる。

補論　マネーストック

　私たち，企業，地方公共団体などが保有するマネーの量をマネーストックといいます。マネーストックには，M1，M2，M3，広義流動性という指標があります。ここではM1とM3について説明します。

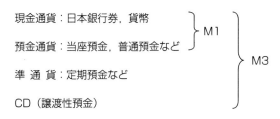

図表2-17　マネーストック[20]

　日本銀行券と貨幣を現金通貨といい，普通預金や当座預金などを預金通貨といいます。これらの合計がM1です。M3はM1に準通貨とCD（譲渡性預金）を加えたものです。準通貨とは定期預金などのことです。銀行の店頭で見聞きする定期預金も預金の一種ですが，定期預金は銀行に数年預け入れたままにしておくものですので，そのままでは支払いにつかえません。支払いにつかうときには，定期預金を中途解約して当座預金や普通預金に繰り入れます。このことから定期預金などをマネーに準ずるもの，準通貨といいます。図表2-18はM3の内訳を表しています。M3の多くを個人の預金が占めています。

図表2-18　M3の内訳[21]

---

21) 日本銀行，マネーストックからデータを取得し作成。小泉・長澤訳（2001, p.10）に「貨幣理論での基本的要素の一つは，公衆の手許にあるすべての種類の貨幣の総量であって，問題となる貨幣が国家貨幣であるか銀行貨幣であるかは，多くの場合ほとんど違いはない。両方の総計は流通貨幣と呼んでよい」とある。また，小泉・長澤訳（2001, p.31）に「銀行貨幣はおそらく総流通貨幣額の一〇分の九を構成しているであろう」とある。預金総額に対する準通貨の比率については小泉・長澤訳（2001, p.39）を参照。

参考文献

- 中央銀行と通貨発行を巡る法制度についての研究会『「中央銀行と通貨発行を巡る法制度についての研究会」報告書』金融研究，23, 1-116, 2004年。
- 中央銀行預金を通じた資金決済に関する法律問題研究会『取引法の観点からみた資金決済に関する諸問題』金融研究，29, 1, 105-159, 2010年。
- 土屋宰貴『次世代RTGS第2期対応実施後の決済動向』日銀レビュー，2012-J-11, 2012年(a)。
- 土屋宰貴『流動性節約機能付RTGS下における業態別・取引別の資金決済動向について』日本銀行調査論文，2012年(b)。
- 土屋宰貴『金融機関間の資金決済のための流動性について―次世代RTGSプロジェクト第2期対応実施後の変化を中心に―』日本銀行調査論文，2012年(c)。
- 中島真志・宿輪純一『決済システムのすべて』東洋経済新報社，2014年。
- 日本銀行『決済システムレポート2012-2013』2013年。
- 日本銀行『新日銀ネット全面稼働開始後の事務の勘所―事務遂行上のポイント―』2015年。
- 日本銀行決済機構局『次世代RTGSプロジェクト―第1期対応を中心に―』2008年。
- 日本銀行決済機構局『次世代RTGS第1期対応実施後の決済動向』日銀レビュー，2009-J-4, 2009年。
- 日本銀行決済機構局『次世代RTGSプロジェクト―第2期対応を中心に―』2011年。
- 日本銀行信用機構室『日本銀行の当座預金取引―取引の相手方の範囲を中心に―』日本銀行調査月報，2003年4月号，59-80, 2003年。
- 日本銀行調査統計局『マネーストック統計の解説』2014年。
- 預金保険機構『預金保険ガイドブック』2015年。
- Keynes, John Maynard著，小泉明・長澤惟恭訳『貨幣論Ⅰ 貨幣の純粋理論』ケインズ全集第5巻，東洋経済新報社，2001年。

Reading List

- 全国銀行資金決済ネットワーク『FMI原則にもとづく情報開示』2015年。
- 全国銀行協会『大口決済システムの構築等資金決済システムの再編について』2004年。
- 嶋拓哉『資金決済におけるファイナリティ概念について ファイナリティ概念の多義性を巡る法的検証』FSAリサーチ・レビュー，2006, 3, 221-243, 2007年。
- 全銀電子債権ネットワーク『「でんさい」のすべて』金融財政事情研究会，2014年。
- 短期金融市場取引活性化研究会『平成23年度活動報告』全国銀行協会，2012年。
- 日本銀行『日銀ネットの稼動時間拡大について』2016年。
- 畑中龍太郎・中務嗣治郎・神田秀樹・深山卓也監修『銀行窓口の法務対策4500講Ⅱ 為替・手形小切手・電子記録債権・付随業務・周辺業務編』金融財政事情研究会，2013年。
- 牧本直樹『銀行間資金決済ネットワークにおける最適決済行動と流動性節約効果』金融研究，30, 1, 75-123, 2011年。
- Committee on Payment and Settlement Systems, 2003, The Role of Central Bank Money in Payment Systems, Bank for International Settlements.
- Norman, Ben, Rachel Shaw and George Speight, 2011, The History of Interbank Settlement Arrangements: Exploring Central Banks' Role in the Payment System, Working Paper No. 412, Bank of England.

第3章

信用創造

前章では預金通貨について学びました。本章では，預金通貨を生み出すしくみである信用創造と，創造された預金通貨の利用状況について説明します。

1 信用創造

銀行貸付について「銀行は，私たちから集めた預金をまとめて企業に貸し出す」と説明されることがあります。「資金を提供する預金者と資金を借りる企業の間に銀行が入るので，これを間接金融という」と解説されることがあります。一般向けのパンフレットなどで，このような説明をみることがあります。

この説明はわかりやすく感じられますが，必ずしも銀行貸付の実際を反映していません。では，銀行貸付の実際はどのようなものでしょうか。

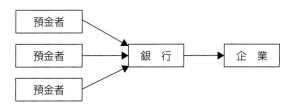

図表3－1　銀行貸付（よくある説明）[1]

まず，銀行は私たちから集めた預金を企業に貸し付けません。もし私たちの預金を貸し付けるのであれば，銀行が企業に貸し付けるとき私たちの預金は減ります。しかし，銀行は許可なく私たちの預金を減らすことなどできません。私たち自身が現金を引き出したり支払いにつかったりするときにだけ，私たちの預金は減ります。

そもそも，貸付契約と預金契約は全く別です。銀行貸付は銀行と企業との契約であり，預金は銀行と預金者との契約です。契約の相手方とならない預金者と企業に，権利と義務の関係が生じることはありません。

---

[1] 預金は消費寄託であるという解釈が預金者保護に資する一方で，図表のような「理解」を生み出すように思われる。民法657条と666条，神田他編（2013）の第2章を参照。信用創造をめぐる経済学説の混乱については吉田（2002）を参照。

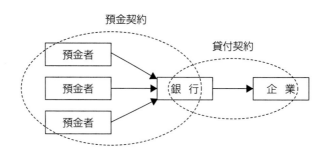

図表 3 − 2　預金契約と貸付契約[2]

　銀行貸付とは，単に企業の預金残高を増やすことです。図表 3 − 3 のように，企業は銀行に事業計画を説明して借り入れ希望額を示します。企業の説明に納得すれば，銀行は企業の預金残高を増やします。預金残高の増加は電子情報の変更ですので，端末を操作するだけで作業が終了します。これが貸し付けの実際です。

図表 3 − 3　銀行貸付

　端末を操作するだけで作業が完了するにもかかわらず，銀行が気軽に貸し付けないのはなぜでしょうか。それは，貸し付けが銀行の資産だからです。銀行は，未来のある時点で返済してもらうことを前提に貸し付けます。未来にお金を受け取る権利ですから，貸し付けは金銭債権であり，銀行の資産です。万が一返済が滞れば，大切な資産に傷がつきます。それを恐れる銀行はむやみに貸し付けません。企業も，未来のある時点で返済することを前提に借り入れます。未来にお金を返す義務ですから，借り入れは金銭債務であり，企業の負債です。万が一返済が滞れば，大切な信用に傷がつきます。それを恐れる企業はむやみに借り入れません。

　結果として，銀行貸付は，銀行が「この額なら貸付先の返済が滞ることはなさそう」と考え，企業が「この額なら返済できそう」と考える額にとどまります。貸し付けが実行されるかどうかは預金量ではなく，信用によって決まります。このことから，銀行貸付のことを信用創造といいます。銀行貸付は無から有を生じせしめる魔法ではなく，信用からマネーを生じせしめる現実的なしくみです[3]。

図表3－4　信用創造[4]

2　貸出金の詳細

次ページ図表3－5の左図は貸出金を貸出先別に表しています。額が多い順にならべると，非製造業，個人，製造業，その他となります。非製造業への貸し出しは，1997年末の336兆円から2004年末の228兆円へ108兆円減った後，停滞しています。製造業への貸し出しは1994年末の78兆円から2015年9月末の56兆円へ22兆円減りました。貸し出しが増えたのは個人とその他の部門です。

図表3－5の右図は貸出金を種類別に表しています。証書貸付は企業が設備を購入するときなどに用いられます。当座貸越は手形や小切手，買掛金の決済をするとき，当座預金の不足を補うために用いられます。手形貸付は商品の仕入から販売までの期間に生じる資金不足を補うために用いられます。割引手形は他社から受け取った手形を支払期日前に換金するために用いられます。額が多い順にならべると，証書貸付，当座貸越，手形貸付，割引手形となります。証書貸付は1994年末の262兆円から2015年10月末の396兆円へ134兆円増えました。手形貸付と割引手形はいずれも減りました。当座貸越は停滞しています。

---

2) 預金者一人一人が個別に銀行と預金契約を結ぶ。預金契約と貸付契約の約款については神田他編（2013）の巻末資料を参照。

3) 長澤訳（2001, p.228）に銀行が「魔術的な力をもっているのであれば，なぜそれらは，このように出し惜しみをするのか。なぜ産業家は，その欲するよりも少ない経営資本しか持たず，あるいはそれに対して五パーセントの支払いを強いられたりするのか」とある。

4) 銀行経理問題研究会編（2008, pp.350-355），田村他編（2013, pp.348-351, pp.420-422），建部（2014）を参照して作成。小泉・長澤訳（2001, p.24）に「銀行は，借主の後日返済するという約束と引換えに，借主のために自己に対する請求権を創造する，すなわち貸付け」をする。「銀行それ自身だけがその帳簿上に預金を創造し，顧客が現金を引き出したりあるいはその請求権を他の誰かの指図に移したりする権利を与えられている」とある。Crick（1927）も参照。貸付金の仕訳については室（2014, pp.289-300）を，貸付の法的性質については小山（2012），神田他編（2013）の第3章を参照。

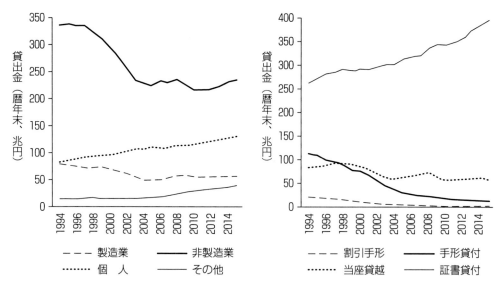

図表 3 − 5　貸出金（業種別，種類別）[5]

　図表 3 − 6 は1997年末から2004年末にみられる非製造業向け貸し出しの落ち込みを，業種別，借り入れ目的別にみるためのものです。1997年末から2004年末にかけて，設備資金の貸し出しは24兆円減り，運転資金などを含むその他に分類される貸し出しは71兆円減りました。その他の落ち込みが大きい建設業，流通業，金融業，不動産業は，仕入れから販売までの期間に多額の運転資金を必要とする業種です。同じ時期に手形貸付が60兆円減り，当座貸越が34兆円減ったこととあわせて考えると，その他の減少は手形貸付と当座貸越の減少に対応しているようです[6]。

　図表 3 − 7 の左図は貸出金を貸出先企業の規模別に表しています。中小企業向けの貸出金は1997年末の260兆円から2004年末の180兆円へ80兆円減りました。中小企業向け貸出金の減少は非製造業向け貸出金の減少と，手形貸付および当座貸越の減少に対応しているようです[7]。

　図表 3 − 7 の右図は貸出金を地域別に表しています。1998年末から2004年末までの落ち込みが目立ちます。東京都に立地する本支店からの貸し出しは1998年末の201兆円から2004年末の150兆円へ51兆円減り，東京都を除く全国に立地する本支店からの貸し出しは1998年末の283兆円から2004年末の242兆円へ41兆円減りました。

5）日本銀行,貸出先別貸出金から2015年 9 月までのデータを取得し，日本銀行,民間金融機関の資産・負債から2015年10月までのデータを取得し作成。左図のその他は地方公共団体と海外円借款（国内店名義現地貸）の和である。左図の業種の定義については，日本銀行調査統計局（2009），日本銀行調査統計局（2014, pp. III − 3 -5-17, pp. IV − 1 -15）を参照。貸出は貸付（証書貸付，手形貸付，当座貸越）と割引手形を含む。

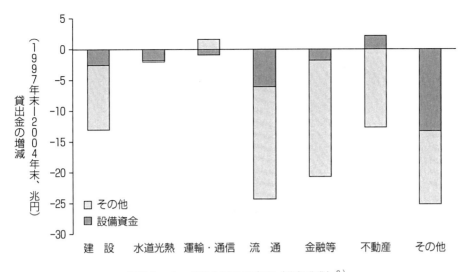

図表3－6　貸出金減少の内訳（非製造業）[8]

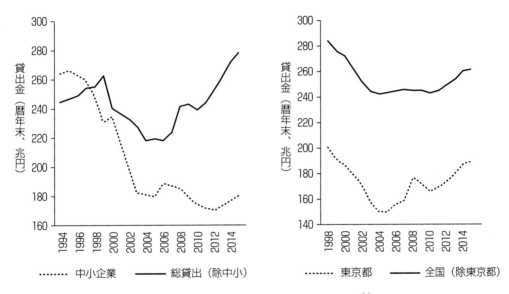

図表3－7　貸出金（企業規模別，地域別）[9]

---

6) 非製造業向け貸出金の貸付種類別データは公表されていない。
7) 中小企業向け貸出金の業種別，貸付種類別データは公表されていない。研究者に「解釈」を許さないデータが公表されれば，金融に関する非生産的な議論はなくなると思われる。
8) 日本銀行，貸出先別貸出金から国内銀行（銀行勘定）のデータを取得し作成。
9) 日本銀行，貸出先別貸出金から2015年9月までのデータを取得し，日本銀行，都道府県別預金・現金・貸出金から2015年10月までのデータを取得し作成。左図の中小企業の定義については，日本銀行調査統計局（2009），日本銀行調査統計局（2014, p. Ⅲ－3－19）を参照。信用金庫の会員資格は従業員300人以下または資本金9億円以下の企業に与えられる。右図の

図表3-7をよくみると，2007年末から2008年末にかけて，中小企業向けを除く貸出金は224兆円から242兆円へ18兆円増え，東京都の貸出金は159兆円から177兆円へ18兆円増えたことに気づきます。この増加は，リーマンショックの後に陥った深刻な不況の中で，企業の資金繰りを助けるために金融機関が融資したことを反映しています。しかし，融資先はもっとも助けを必要としていた中小企業ではなかったようです[10]。

❸ 準備預金制度

私たちや企業は，支払いにつかうために銀行から借り入れます。したがって，貸付金は時間をおかずに払い出されます。預金の支払いは日銀当座預金によって決済されますので，銀行は預金量に応じた日銀当座預金を準備する必要があります。これを準備預金といいます。

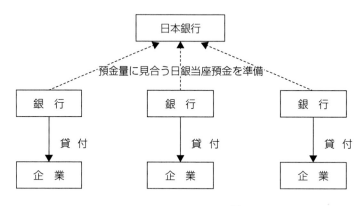

図表3-8　準備預金[11]

　地域の定義については日本銀行調査統計局（2014, pp.Ⅱ-1-1-2）を参照。地域別データは1998年以降存在する。

10) 金融庁，検査マニュアル，中小企業者等に対する金融の円滑化を図るための臨時措置に関する法律，金融庁，中小企業等に対する金融円滑化対策について，中野・中西（2013）を参照。上原（2010）の図表1によると，中小企業向けの融資条件変更は37万件，10兆円であった。地域別の中小企業数については総務省統計局，商業統計，総務省統計局，経済センサス，中小企業庁，中小企業白書を参照。貸し渋り，貸し剥がし，追い貸しの有無が議論されているが，図表3-7は貸出総額が減少したことを示している。

11) 準備預金制度に関する法律2条と7条を参照して作成。小泉・長澤訳（2001, p.25）に「借手の顧客は一般にはこのように彼らの名義のものとして造られる預金を直ちに支払いに用いる意図のもとに借入れをする」とある。

図表3－9は預金量と法定準備預金額の関係を表しています。預金量が少ないとき法定準備預金額は少なく，預金量が多いとき法定準備預金額は多いことがわかります。2015年9月の預金量は1,140兆円，法定準備預金額は8兆7,000億円でした。預金量に対する法定準備預金額の比率は131分の1でした[12]。

　1,100兆円を超える預金の決済に準備される日銀当座預金が9兆円に満たないのは頼りない感じがしますが，小口内為，大口内為，手形決済に要する日銀当座預金額は1営業日平均で11兆円であることを考えると，おおよそ適切な額であることがわかります。

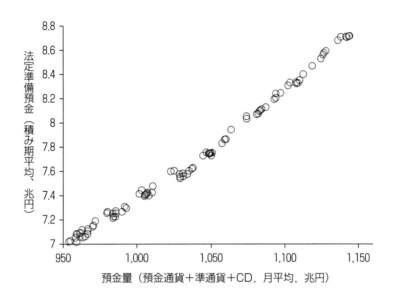

図表3－9　預金量と法定準備預金[13]

　準備預金制度は，ホールセール決済が滞らないようにする点でよい制度ですが，銀行行動の足並みがそろうリスクをはらんでいます。このリスクについて例を用いて説明します。預金量の130分の1の日銀当座預金を準備すべきだと法律で定められているとしましょう。図表3－10のように，銀行Aと銀行Bがともに13兆円の預金と1,000億円の日銀当座預金を保有していれば，両行ともに準備預金制度に関する法律を守っていることになります。

---

12) 日本銀行，マネーストック，日本銀行，準備預金額からデータを取得。
13) 日本銀行，マネーストック，日本銀行，準備預金額からデータを取得し作成。マネーストック統計の預金と準備預金制度が適用される預金は完全には一致しないことに留意する。小泉・長澤訳（2001, p.28）に「銀行業者は常にいくらかの流動資産を手許に維持しており，その一部は現金の形で，また一部は他の一銀行もしくは複数の銀行に対する預け金の形―この資産はその「準備金」と呼ばれているものであるが，それはその預金量とともに上下し，また時としては，法律もしくは慣習により預金に対する固定的な比率を保っている場合もある―で持っているであろう」とある。制度の詳細については長澤訳（2001）の第25章を参照。

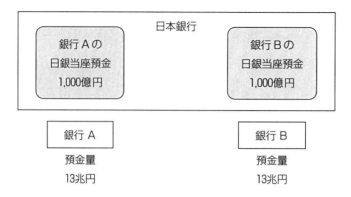

図表 3 －10　準備預金制度（貸付前）

　銀行Aが企業Xに1億円を貸し付けるとしましょう。このとき，銀行Aは企業Xの預金残高を1億円増やします。企業Xは借りた1億円を銀行Bに口座を持つ企業Yへの支払いに充てます。このリテール決済に対応するホールセール決済を完了すると，図表3－11のように，銀行Aの日銀当座預金額は999億円となります。

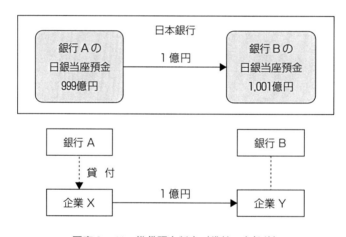

図表 3 －11　準備預金制度（貸付，支払後）

　貸し付けと決済を終えると，銀行Aの預金量に対する日銀当座預金額の比率は，図表3－12が示すように，130分の1から130.13分の1へ下がります。わずかな変化にみえますが，準備預金制度を守るためには，銀行Aは日銀当座預金を1億円借りるか，預金を130億円減らすかしなければなりません。日銀当座預金を受け取る見込みがなければ，銀行Aは企業Xへの貸し出しをためらうかもしれません。

	貸付前	貸付，決済後
預金量	13兆円	13兆円
日銀当座預金額	1,000億円	999億円
比率	130分の1	130.13分の1

図表3－12　準備預金の不足（銀行A）[14]

　貸し付けるとき，銀行は他行の動向を慎重に見極めます。他行が貸し付けに積極的であれば，他行から日銀当座預金を受け取る見込みは高くなります。貸し付けても負担が重くならないので，銀行は足並みをそろえて貸し付けを増やします。他行が貸し付けに消極的であれば，他行から日銀当座預金を受け取る見込みは低くなります。貸し付けると負担が重くなるので，銀行は足並みをそろえて貸し付けに慎重になります。銀行が足並みをそろえて貸し付けを増やしたり減らしたりすると，信用循環のサイクルは激しくなります[15]。

　「晴れの日に傘を貸し，雨が降り始めるや否や傘を取り上げる」[16]のが銀行だと非難されますが，その行動の一因は準備預金制度にあるのかもしれません。

---

14) 小泉・長澤訳（2001, p.25）に「銀行が貸出しと投資とによって安全に能動的に預金を創造しうる率〔すなわち期間あたりのその金額〕は，銀行がその預金者からの流動資産の受取りに対して受動的に預金を創造しつつある率〔すなわち同じ期間当りのその金額〕に対して適当な関係になければならない。なぜならば後者は，結局はその一部だけが銀行にとどめられるにすぎないとしても，銀行の準備金を増加させるのに対して，前者はたとえその一部だけが他の銀行の顧客に払い出されるにすぎないとしても，準備を減少させるから」とある。

15) 小泉・長澤訳（2001, p.27）に「個々の銀行の前進はすべてその銀行を弱くするが，しかしその隣りの銀行の一つでのこのような行動は，すべてこの銀行を強くするのであり，したがって，もし全部が一緒に前進するならば，結局どの銀行も弱められることはない。このように，各銀行は他行に数歩を先んじて動くことはできないけれども，その行動は銀行全体としての平均的な行動—しかしながらこの平均に対しては，各銀行は小さなあるいは大きな分け前を寄与することができる—によって支配されるであろう」。「大多数の銀行の行動に同じ方向に影響を与える傾向を持つような出来事は，それがどのようなものであっても少しの抵抗にもあうことなしに，全体の組織の激しい運動を引き起こしうる」とある。小泉・長澤訳（2001, p.30）に「銀行組織全体に共通な「歩調」を決定するものは，準備資産の集計額である」とある。信用拡張には日本銀行のアコモデーションを必要とする。

16) Edie (1930, p.21) に "A banker, according to this definition, is a fellow who lends you his umbrella when the sun is shining and insists upon its return as soon as it starts to rain" とある。

補論　金融機関の分類

金融業の分類には国内銀行，国内銀行等，預金取扱機関，金融機関などがあります。図表3-13は，これらの分類を示しています。

金融機関のうち，全銀システムの清算参加者は国内銀行，外国銀行在日支店，信金中央金庫，農林中央金庫，商工組合中央金庫，ゆうちょ銀行，全国信用協同組合連合会，労働金庫連合会であり，準備預金制度の対象となるのは国内銀行，外国銀行在日支店，信用金庫，農林中央金庫，ゆうちょ銀行です。

金融機関	預金取扱機関	国内銀行等	国内銀行	都市銀行
				信託銀行
				地方銀行
				地方銀行Ⅱ
			外国銀行在日支店	
			信用金庫	
			信金中央金庫	
			農林中央金庫	
			商工組合中央金庫	
		ゆうちょ銀行		
		整理回収機構		
		信用組合・全国信用協同組合連合会		
		労働金庫・労働金庫連合会		
		農業協同組合・信用農業協同組合連合会		
		漁業協同組合・信用漁業協同組合連合会		
	日本銀行			
	預金保険機構			
	資金清算機関			
	短資会社			
	金融商品取引所			
	金融商品取引業者			
	ほか			

図表3-13　金融機関の分類[17]

---

17) 日本銀行,当座預金取引の相手方一覧（2015年11月末），日本銀行,マネーストック統計の解説，日本銀行,資金循環統計の解説，全国銀行資金決済ネットワーク,利用金融機関一覧,清算参加者，準備預金制度に関する法律2条，準備預金制度に関する法律施行令1条を参照して

参考文献

- 上原啓一『中小企業等金融円滑化法の施行状況を見て〜法施行の効果と残された課題〜』立法と調査, 307, 76-83, 2010年。
- 神田秀樹・神作裕之・みずほフィナンシャルグループ編『金融法講義』岩波書店, 2013年。
- 銀行経理問題研究会編『銀行経理の実務』第7版, 2008年。
- 小山嘉昭『詳解 銀行法』全訂版, きんざい, 2012年。
- 建部正義『金融論と簿記論・会計学との親和性について』商学論纂, 55, 4, 601-641, 2014年。
- 田村雅俊・鈴木義則・佐藤昭雄編『勘定科目別仕訳処理ハンドブック』清文社, 2013年。
- 中野かおり・中西信介『リーマン・ショック後の中小企業金融支援策―中小企業金融円滑化法と緊急保証制度―』立法と調査, 337, 56-66, 2013年。
- 日本銀行調査統計局「「貸出先別貸出金（四半期調査）」等における業種分類の見直しについて」2009年。
- 日本銀行調査統計局『金融統計調査表の記入要領』2014年。
- 室勝『図解で学ぶSEのための銀行三大業務入門』第2版, 金融財政事情研究会, 2014年。
- 吉田暁『決済システムと銀行・中央銀行』日本経済評論社, 2002年。
- Keynes, John Maynard著, 小泉明・長澤惟恭訳『貨幣論Ⅰ 貨幣の純粋理論』ケインズ全集第5巻, 東洋経済新報社, 2001年。
- Keynes, John Maynard著, 長澤惟恭訳『貨幣論Ⅱ 貨幣の応用理論』ケインズ全集第6巻, 東洋経済新報社, 2001年。
- Crick, W.F., 1927, The Genesis of Bank Deposits, Economica, 20, 191-202.
- Edie, Lionel D., 1930, The Banks of the Stock Market Crisis of 1929, Journal of Business, 3, 1, 16-21.

Reading List

- 赤松健治『中小企業の財務構造の変遷』商工金融, 2012年7月号, 53-101, 2012年。
- 金融庁『平成25年金融商品取引法等改正（1年半以内施行）等に係る銀行法施行令・銀行法施行規則等の改正案の公表について』2014年。
- 高木健紀『金融環境の変化と中小企業』商工金融, 2007年6月号, 2007年。
- 高橋恒夫『営業店の融資管理の実務』経済法令研究会, 2015年。
- 筒井徹『中小企業の借入構造』商工金融, 2013年11月号, 2013年。
- 松本貞夫『内国為替決済制度の歩み』明治大学法律論叢, 82, 4/5, 441-481, 2010年。
- 吉野直行・藤田康範編『中小企業金融と金融環境の変化』信金中央金庫寄付講座, 中小企業金融論, 第3巻, 慶應義塾大学出版会, 2007年。
- 渡辺和孝『日本の金融規制と銀行行動』フィナンシャル・レビュー, 101, 119-140, 2010年。

作成。預金保険対象金融機関については預金保険機構, 対象金融機関一覧表を参照。統計によって分類に若干の出入りがあることに留意する。

第 4 章

コール市場

　第1章では現金通貨の発還について，第2章では預金通貨による決済について，第3章では信用創造について学びました。銀行が営むこれらの業務に欠かせないのが日銀当座預金です。十分な量の日銀当座預金を保有しなければ，銀行は現金通貨を払い出すことができません。ホールセールの決済をすることができません。準備預金制度も成り立たなくなります[1]。銀行の業務を支える日銀当座預金は「究極のマネー」[2]ともいわれます。本章では，大切な日銀当座預金を融通しあう場であるコール市場について説明します[3]。

❶ 日銀当座預金

　日本銀行券，貨幣，日銀当座預金には，売買によって生じた金銭の債権と債務を消滅させる力があります。その特別な力にちなんで，これらをハイパワードマネーといいます[4]。日本銀行券と貨幣を日銀当座預金の力が紙片や金属片に化体したものとみると，最も重要なハイパワードマネーの構成要素は，日銀当座預金です。

　日銀当座預金の口座を保有しているのは銀行だけではありません。全銀システムを運営する全国銀行資金決済ネットワークは，小口内為の債務を引き受けて決済の当事者となるために日銀当座預金を保有します。証券会社や証券金融会社は，株式や債券の売買を決済するために日銀当座預金を保有します。本章でとりあげる短資会社は，日銀当座預金の貸借を仲介するために日銀当座預金を保有します。2015年末時点で，536の金融機関が日銀当座預金の口座を保有していました[5]。

---

1) 銀行の固有業務に為替，受信，与信がある。銀行法2条，4条，10条を参照。
2) European Central Bank (2008) にUltimate Settlement Assetという表現がある。
3) 手形市場については本書の範囲を超えるため割愛する。
4) 小泉・長澤訳 (2001, p.7) に「それ自身強制的法貨である貨幣だけではなく，国家または中央銀行がそれ自身への支払いに対して受領すること，あるいは強制的法貨と交換することを保証している貨幣をもまた国家貨幣に含めることにする。したがって，今日のたいていの銀行券および中央銀行預金さえもが，ここでは国家貨幣として分類される」とある。ハイパワードマネーを日本銀行はマネタリーベースと表記し，欧州中央銀行はBase Moneyと表記している。
5) 日本銀行,当座預金取引の相手方一覧からデータを取得。

　　　　資金決済の担い手…………銀行，資金清算機関など
　　　　証券決済の担い手…………証券会社，証券金融会社など
　　　　短期金融市場の仲介者……短資会社など

図表 4 － 1　日銀当座預金を保有する金融機関[6]

　金融機関が保有する日銀当座預金はさまざまな要因で増減しますが，そのうちの1つは内国為替の決済です。金融機関が内国為替の支払い側であるとき，日銀当座預金は引き落とされて減ります。金融機関が内国為替の受け取り側であるとき，日銀当座預金は入金されて増えます。図表4－2の左図は内国為替の決済によって生じた入金と引き落としを業態別に表しています。内国為替による入金と引き落としが最も多い業態は都市銀行です。2014年の累計で入金額は1,733兆円，引落額は1,762兆円でした。差額は29兆円の引落超です。図表4－2の右図は内国為替による入金と引き落としの差額を業態別に表しています。都市銀行，地方銀行，信託銀行は引き落としが入金を上回り，外国銀行と農林中央金庫などその他は入金が引き落としを上回っています。内国為替の取引では，都市銀行，地方銀行，信託銀行は資金不足，外国銀行とその他は資金余剰です。

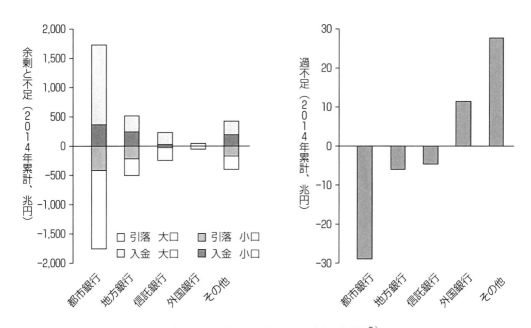

図表 4 － 2　業態別資金過不足（内国為替）[7]

6）日本銀行,日本銀行の当座預金取引または貸出取引の相手方に関する選定基準を参照して作成。準備預金制度の適用先ではない金融機関も日銀当座預金を保有している。
7）全国銀行協会,決済統計年報,平成26年版からデータを取得し作成。

内国為替に加えて，手形交換，外為円，国債などの取引によって生じた日銀当座預金の過不足は，コール市場で調整されます。

❷ コール市場

日銀当座預金を保有していても，金融機関はほとんど利益を得られません。したがって，金融機関は必要なときに必要な額だけ日銀当座預金を保有します。必要を超える日銀当座預金は，ほかの金融機関に貸し付けて運用します。日銀当座預金の不足分は，ほかの金融機関から借り入れて調達します。金融機関どうしが日銀当座預金を貸し借りする場をコール市場といいます。

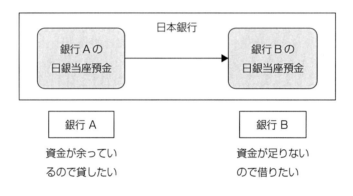

図表4－3　コール市場[8]

図表4－4はコール市場の残高を業態別に表しています。貸し手となる業態はプラス，借り手となる業態はマイナスで表示しています。1980年代後半から1990年代後半まで多額のポジションが積み上がり，コール市場の取引は盛んでしたが，貸借の差額は2,000億円未満と大きくありませんでした。2000年代に入ると貸し手のポジションは10兆円ほど減り，借り手のポジションは20兆円ほど減り，貸借の差額は9兆円近くまで増えました。このポジションの変化は，現先や証券貸借など類似の取引が発展したこと，日本銀行が日銀当座預金を潤沢に供給したこと，投資信託の短期運用資金がコール市場に流入したことなどから説明されます。業態別ポジションをみると，信託銀行とその他は貸し手であり，

---

[8] 小泉・長澤訳（2001, p.29）に，中央銀行預け金の保有高が法定準備預金額「以上に上がることも欲しないであろう。なぜならば，それ以上に上がるということは，一般に銀行が，できるはずのものよりも利益の少ない営業を営んでいることを意味するからである」とある。超過準備に付く利子については日本銀行，資金供給円滑化のための補完当座預金制度基本要領，日本銀行金融市場局（2013）を参照。

都市銀行と外国銀行は借り手であることがわかります。地方銀行は資金の借り手から貸し手にかわっています。図表4－2とあわせて考えると，都市銀行は内国為替などの業務で不足した資金をコール市場で調達しており，地方銀行Ⅱ，農林中央金庫などその他は内国為替などの業務で余った資金をコール市場で運用していると推測されます。地方銀行，信託銀行，外国銀行は内国為替によって生じる資金過不足とコール市場でのポジションが逆転しています。この逆転現象は，証券の売買など内国為替以外の業務を活発に行っていることから説明されます。

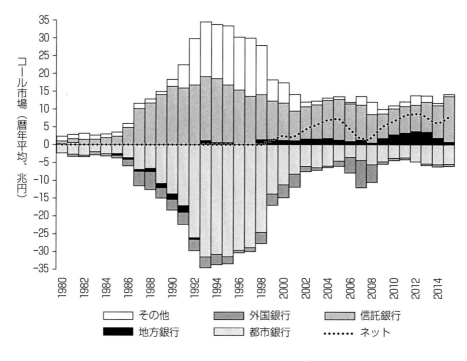

図表4－4　業態別ポジション[9]

　コール市場の取引は，担保を取らずに日銀当座預金を貸し借りする無担保コールと，担保をとって日銀当座預金を貸し借りする有担保コールに大別されます。担保とは，返済不能に陥ったときに借り手が貸し手へ差し出す資産のことです。担保をとれば万が一のときにも安心ですが，有担保コールの利息は無担保コールの利息より少なくなります。コール市場の参加者は高い信用を持つ金融機関ですので，担保を取る必要がないときは無担保で貸し付けます。金融不安が広がり借り手を十分に信用できないときや，契約上無担保コールで運用することが難しいときには担保をとって貸し付けます。

9）日本銀行，コール市場残高からデータを取得し作成。「信託銀行」に含まれると思われる投資信託のコールローン残高については，信託協会，信託統計，全国信託財産調を参照。

無担保コールはブローキング方式で取引されます。ブローキング方式では，短資会社は連絡役として貸し手と借り手の間に立ちます。有担保コールはブローキング方式とディーリング方式で取引されます。ディーリング方式では，短資会社は貸借の当事者となって金融機関から資金を借り受けたり，金融機関へ資金を貸し付けたりします。コール市場の最低取引単位は，多くの場合5億円です。

	無担保コール	有担保コール	
短資会社の役割	ブローキング	ブローキング	ディーリング
最低取引金額	5億円	5億円	5億円（1千万円）
貸借の期間	日中～1年		
受渡日	当日，先日付		

図表4－5　コール市場の特徴[10]

貸借の期間は，借りた日に資金を返済する日中物，借りた翌日に返済する翌日物から，借りた1年後に返済する1年物までさまざまです。貸借の約束から貸借の実行までの期間もさまざまです。貸借の約束をする日を約定日といい，貸付金を受け渡す日を受渡日といいます。受渡日が約定日と同日である取引を当日物といい，受渡日が約定日の翌営業日以降である取引を先日付物といいます。先日付物には，受渡日が約定日の翌営業日であるトモロウ物，受渡日が約定日の翌々営業日であるスポット物，期末資金などを前もって確保するために，受渡日が約定日の3営業日以上先であるオッド・スタート物があります。

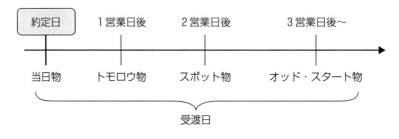

図表4－6　約定日と受渡日[11]

---

10) 短資協会（2015）を参照して作成。有担保コールディーリング取引の最低取引金額は，オファー・ビッド制のとき5億円であり，気配値制のとき1千万円である。短資会社を介さずに無担保コールを取引するDirect Dealing（DD）取引もある。日本銀行金融市場局（2015, p.11）の図表6は，無担保コールの取引残高に対するDD取引残高の比率が61％であることを示している。
11) 短資協会（2015）を参照して作成。

3 短資会社

　短期金融市場の仲介業務を営む会社を短資会社といいます。短資会社には上田八木短資，セントラル短資，東京短資があります。ここでは，コール市場で短資3社が果たす役割を説明します[12]。

◇無担保コール

　無担保コール市場で短資会社が果たす役割を説明します。手元にある10億円を金利1％で今日から1日貸したい銀行Aと，不足している10億円を金利1％で今日から1日借りたい銀行Bがあるとしましょう。銀行Aと銀行Bは取引の条件を短資会社へ伝えます。両行から受け取った条件をみて，短資会社は資金の貸し手と借り手をマッチングします。図表では，銀行Aの貸付条件と銀行Bの借入条件がマッチしています。

図表4－7　無担保コール（ブローキング）[13]

　貸借のペア組みができたら，短資会社は与信側に与信限度額の確認を依頼します。図表の例では，貸し手となる銀行Aに，新たな貸し付けによって与信枠を超えないか確認を依頼します。銀行Aが銀行Bに1,000億円の与信枠を設定しているとしましょう。銀行Aが銀行Bへすでに950億円貸し付けているのであれば，与信枠の余裕は50億円です。このとき，銀行Aは銀行Bへ50億円を超えて貸し付けることができません。図表の例では，貸付額が10億円ですので，銀行Aは銀行Bへ貸し付けることができます。

---

[12] 短資協会，短資取引約定確認システム管理本部，約定確認システム事務フロー，東短リサーチ株式会社編（2009），短期金融市場取引活性化研究会（2014），短資協会（2015）を参照。

[13] 潜在的には500を超える日銀当座預金保有金融機関の取引を媒介するので，実際のマッチングはこの図表ほど容易ではない。取引の条件が明示されている注文をファーム・オーダーという。貸付の注文をオファー，借入の注文をビッドという。短資会社は各金融機関から得た貸付条件と借入条件について守秘義務がある。

図表 4 − 8 　無担保コール（ライン・チェック）[14]

　新規の貸付額が与信枠の余裕を超えなければ，銀行Aは短資会社へ取引の約定を連絡します。短資会社は「銀行Aからの借入が約定しました」と銀行Bへ伝えます。加えて，短資会社は約定確認システムに約定した取引内容を入力して銀行Aと銀行Bへ送信します。銀行Aと銀行Bは，取引内容を確認して約定確認のサインを入力します。

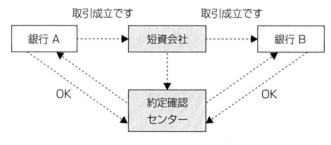

図表 4 − 9 　無担保コール（約定確認）[15]

　約定が確認された当日物は，約定から1時間以内に決済されます。決済には，日銀当座預金の同時決済口が用いられます。同時決済口には流動性節約機能がありますが，図表4 − 10はオフセットなしで決済されるようすを表しています。

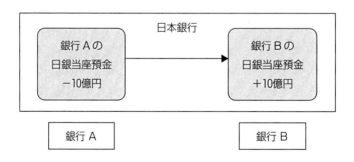

図表 4 − 10　無担保コール（決済）

---

14) 貸し手が借り手に設定する与信枠をクレジット・ラインという。
15) セントラル短資，国内金融セミナー，2 コール・手形市場の図を参照して作成。媒介報告書や約束手形の授受については本書の範囲を超えるため割愛する。

図表4－11の左図は，無担保コールの取引残高を表しています。翌日物と1か月を超えるターム物は2008年の末に大きく落ち込みました。2日から1か月までのターム物は2007年から落ち込みがみられます。翌日物は2013年ごろから再び増加に転じていますが，ターム物は停滞しています。無担保コールの取引が低迷した2000年代おわりから2010年代はじめには，図表4－11の右図が示すように，有担保コールの取引が多くなりました。

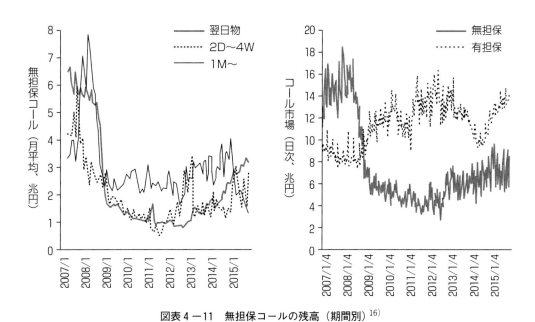

図表4－11　無担保コールの残高（期間別）[16]

◇有担保コール

　つづいて有担保コール市場で短資会社が果たす役割を説明します。有担保コールにはいくつかの取引方式がありますが，ここではディーリング（オファー・ビッド方式）について説明します[17]。

　手元にある100億円を金利0.9％で今日から1日貸したい銀行Aと，不足している100億円を金利1％で今日から1日借りたい銀行Bがあるとしましょう。銀行Aと銀行Bは取引の条件を短資会社へ伝えます。銀行Aと取引すれば，短資会社は国債を担保に100億円を

---

16) 日本銀行，コール市場残高，短資協会，時系列からデータを取得し作成。左図の無担保コールの残高は2007年5月以降のデータが存在する。左図の「2D～4W」は2日から4週間までの資金貸借の残高，「1M～」は1か月以上1年以内の資金貸借の残高である。
17) 日本銀行金融市場局（2015, p.29）の図表35は，有担保コールの取引集中度が高いことを示している。市場参加者の1割ほどが累積残高シェアのほぼすべてを占有している。有担保コールの担保受け渡しにはDelivery versus Payment（DVP）とFree of Payment（FOP）がある。ここではディーリング（オファー・ビッド）・DVP方式について説明する。

1日借り，24万6,575円の利息を払うことになります。銀行Bと取引すれば，国債を担保にとって100億円を1日貸し，27万3,972円の利息を受け取ることになります。差し引き2万7,397円の収入機会を有益と判断すれば，短資会社は銀行Aから借り入れ，銀行Bへ貸し付けます。

図表4－12　有担保コール（ディーリング）[18]

短資会社は銀行Aと銀行Bへ約定の連絡をします。加えて，約定確認システムに約定した取引内容を入力して銀行Aと銀行Bへ送信します。銀行Aと銀行Bは，取引内容を確認して約定確認のサインを入力します。

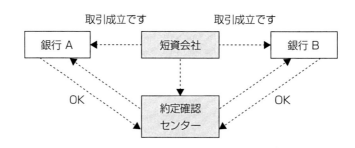

図表4－13　有担保コール（約定確認）[19]

資金の決済には，日銀当座預金の同時決済口が用いられ，担保の受け渡しには日銀ネット国債系または短資取引担保センターの担保口が用いられます。

図表4－15の左図は，短資会社が取ったコール取引のポジションを表しています。図中の資産は短資会社が貸し手であるコール取引の残高を，負債は短資会社が借り手であるコール取引の残高を表します。2001年以降，資産額は2兆円から5兆円で推移していますが，負債額は7兆円から12兆円と振れ幅が大きくなっています。資産額より負債額が多い年が続いていますが，短資会社がポジションを取るのは有担保コールであることから，差額は有担保コールのネットポジションだと思われます。図表4－4に点線で表されているネットポジションも，短資会社が有担保コールのディーリングでとったものだと思われます。

図表4－15の右図は，有担保コールと類似の取引である現先取引と債券貸借取引のポジションを表しています。資産額と負債額の差は，コール取引に比べて大きくありません。

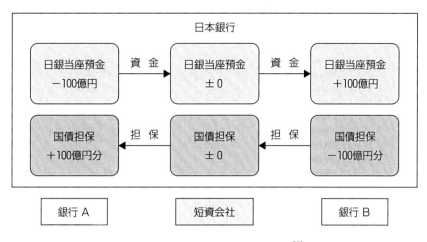

図表4－14　有担保コール（決済）[20]

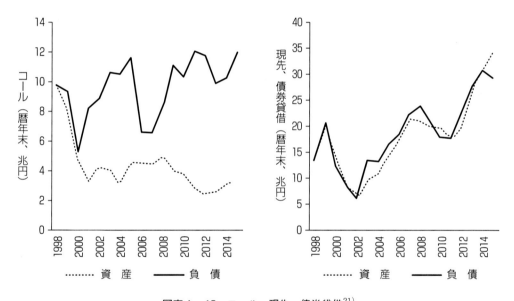

図表4－15　コール，現先，債券貸借[21]

---

18) 利息の計算については本書第6章を参照。
19) セントラル短資，国内金融セミナー，2コール・手形市場の図を参照して作成。有担保コールのディーリングでは媒介手数料をとらず，スプレッドで収益を得る。
20) 短資協会，担保価額参考値に担保の時価，掛け目，担保価額の一覧がある。短資協会（2015, p.17）によると，国債の掛け目は額面に対して1～10％増しである。
21) 日本銀行，資金循環からデータを取得し作成。ディーラー・ブローカーから証券会社を除いて表示した。部門の定義と範囲については日本銀行調査統計局（2005, pp.49-50）を参照。現先取引は債券を担保に短期資金の貸借をする取引であり，債券貸借取引（レポ）は資金を担保に債券の貸借をする取引である。東短リサーチ株式会社編（2009）の第4章を参照。

有担保コール，現先，債券貸借の負債総額が資産総額を上回っているとき，短資会社は借り入れ超となります。有担保取引では何らかの資産を担保に資金を借り入れますので，借り入れ超である短資会社の資産には見合いの担保があるはずです。担保がすべて国債であれば，短資会社の資産と負債は図表4－16のようにバランスすると考えられます。

図表4－16　短資会社のポジション[22]

　図表4－17は短資会社のコール，現先，債券貸借のネットポジション合計と保有国債の残高を比べたものです。有担保取引の担保の多くは国債のようです。

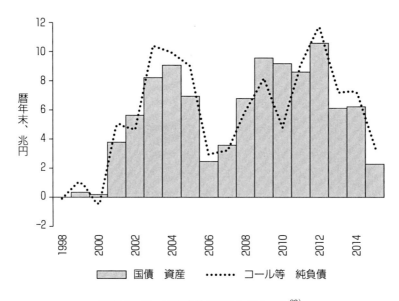

図表4－17　短資会社のバランスシート[23]

---

22) 現先と債券貸借（レポ）は金融機関と事業会社が参加するオープン市場である。会計の実務については，公認会計士協会，会計制度委員会報告第14号，Ⅰ金融商品会計に関する実務指針，p.33，設例7 有価証券貸借取引及び有価証券現先取引の仕訳例を参照。
23) 日本銀行，資金循環からデータを取得し作成。図中，折れ線の「コール等 純負債」は，コール，現先，債券貸借のネットポジション合計である。

参考文献

- 短資協会『インターバンク市場取引要綱』2015年。
- 短期金融市場取引活性化研究会『平成25年度 活動報告』2014年。
- 東短リサーチ株式会社編『東京マネー・マーケット』有斐閣選書，2009年。
- 日本銀行金融市場局『2012年度の金融調節』日本銀行調査論文，2013年。
- 日本銀行金融市場局『わが国短期金融市場の動向―東京短期金融市場サーベイ（15／8月）の結果』日本銀行調査論文，2015年。
- 日本銀行調査統計局『資金循環統計の解説』2005年。
- Keynes, John Maynard著，小泉明・長澤惟恭訳『貨幣論Ⅰ 貨幣の純粋理論』ケインズ全集第5巻，東洋経済新報社，2001年。
- European Central Bank, 2008, Payments and Monetary and Financial Stability, ECB-Bank of England Conference, 12-13 November, 2007.

Reading List

- 小野伸和・澤田恒河・土川顕『レポ市場のさらなる発展に向けて』日銀レビュー，2015-J-5，2015年。
- 国債の決済期間の短縮化に関する検討ワーキング・グループ『国債取引の決済期間の短縮（T＋1）化に向けたグランドデザイン』2014年。
- 土川顕『レポ・証券貸借取引のデータ収集について』日本銀行金融市場局，2015年。
- 日本銀行金融市場局『量的緩和政策解除後の短期金融市場の課題』金融市場レポート（追録）2006年。
- 日本銀行金融市場局『量的緩和政策解除後の短期金融市場の動向』金融市場レポート（追録）2006年。
- 日本振興銀行に対する行政対応等検証委員会『検証報告書』2011年。
- 福田格『国債決済期間短縮化とレポ市場』日本銀行金融市場局，2015年。

第5章

金融調節

前章では，日銀当座預金の過不足を調整する場であるコール市場について学びました。本章ではコール市場を安定させるための金融調節について説明します。

❶ 日銀当座預金の総額

金融機関が保有する日銀当座預金を足し合わせた額を，日銀当座預金の総額といいます。経済に銀行が3行あり，銀行Aは3兆円，銀行Bは2兆円，銀行Cは5兆円の日銀当座預金を保有しているとしましょう。このとき，日銀当座預金の総額は10兆円です。

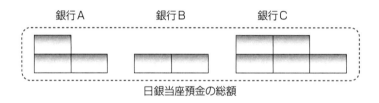

図表5－1　日銀当座預金の総額[1]

金融機関は，日銀当座預金を融通し合って資金の過不足を調整します。たとえば，銀行Bの日銀当座預金が1兆円不足し，銀行Cの日銀当座預金が1兆円余っているとき，銀行Cが銀行Bに1兆円貸し付けると過不足は解消します。

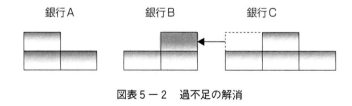

図表5－2　過不足の解消

1）図表の1ブロックは1兆円の日銀当座預金を表す。

日銀当座預金の総額が急に増えたり減ったりすると，金融機関どうしの過不足調整に支障が出ることがあります。日銀当座預金の総額が急に増えると日銀当座預金のゆずり合いがおき，コール市場で資金を運用しづらくなります。日銀当座預金の総額が急に減ると日銀当座預金のとり合いがおき，コール市場で資金を調達しづらくなります。

　コール市場の取引を安定させるには，日銀当座預金の総額を誰かが管理しなければなりません。この役割を担うのは，日銀当座預金の唯一の供給者である日本銀行です[2]。

❷ 日銀当座預金の総額の増減

　日銀当座預金の総額は，銀行券要因と財政等要因によって増減します。図表5-3は銀行券要因を説明するためのものです。現金通貨は日銀当座預金を引き出す形で発行され，日銀当座預金に入金する形で還収されます。したがって，日銀当座預金の総額は，現金通貨の発行総額が還収総額を上回るとき減り，還収総額が発行総額を上回るとき増えます。

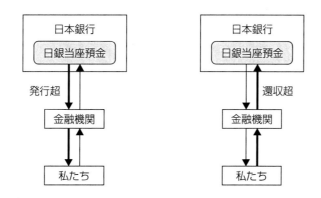

図表5-3　現金通貨の発還と日銀当座預金の増減

　次ページの図表5-4は現金通貨の発還による日銀当座預金総額の増減を表しています。還収が発行を上回り，日銀当座預金の総額が増えると値はプラスになります。発行が還収を上回り，日銀当座預金の総額が減ると値はマイナスになります。プラスが目立つのは，長期休暇中につかわれた現金通貨が還収される1月と5月です。マイナスが目立つのは，ボーナス支給後にまとまった買い物が多くなる6月と12月です。1990年と比べて，2014年の増減幅はせまくなっています。これは，クレジットカードなどが広く使われるようになり，現金通貨を持たなくても支払いができるようになったことを反映しています。

2）小泉・長澤訳（2001, p.30）に，「中央銀行がまた銀行券発行当局でもあるとすれば，それがその銀行券発行高とその預金との総額を左右しうるかぎり，加盟銀行の総準備資産額は中央銀行の支配下にあるであろう」とある。

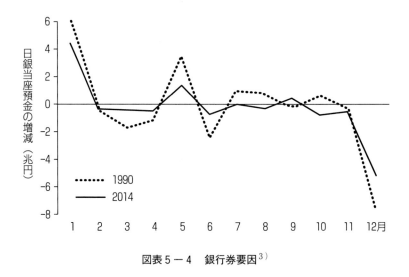

図表 5 − 4　銀行券要因[3]

　図表 5 − 5 は財政等要因を説明するためのものです。日本国政府は日本銀行に預金をしています。これを政府預金といいます。私たちが所得税を納めたり企業が法人税を納めたりすると，私たちや企業の資金は減り，政府の資金は増えます。この決済は納税の窓口となった代理店金融機関の日銀当座預金を減らし，政府預金を増やして済ませます。政府が私たちに年金を給付したり企業に補助金を出したりするとき，政府の資金は減り，私たちや企業の資金は増えます。この決済は政府預金を減らし，給付の窓口となった代理店金融機関の日銀当座預金を増やして済ませます。財政等要因とは，日銀当座預金の総額が増減するこのような政府の財政活動のことです。

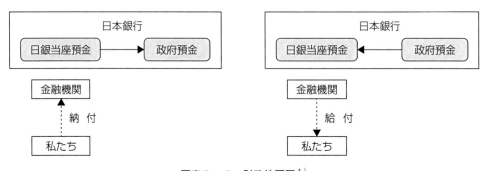

図表 5 − 5　財政等要因[4]

3）日本銀行，日銀当座預金の増減要因からデータを取得し作成。日本銀行（2013, pp.4-8）を参照。電子マネーは近年急速に普及しているが，決済額は年間で 2 〜 3 兆円ほどである。

4）中央政府と地方公共団体との取引は日銀当座預金の総額を変える。本文中の民間は地方公共団体を含む。日本銀行による国庫金の取り扱いについては会計法，予算決算及び会計令，日本銀行法，日本銀行，業務上の事務連絡，代理店等関連，日本銀行，国庫金・国債の窓口，日本銀行財政収支研究会（1997）の第 3 章と第 4 章，下鶴（2005）を参照。

財政等要因は一般財政（一般会計），一般財政（特別会計），国債等からなります[5]。図表5−6は一般財政（一般会計）を要因分解したものです。プラスの値は国家公務員の人件費など一般会計から散布される資金や，地方交付税交付金など一般会計から特別会計を経由して散布される資金を表します。マイナスの値は税金の納付など一般会計に吸収される資金を表します。

6月と12月に租税納付による日銀当座預金の減少が目立つのは，これらの月に3月決算企業が法人税を納めるためです[6]。4月，6月，9月，11月に交付金による日銀当座預金の増加が目立つのは，これらの月に普通交付税が交付されるためです[7]。ほかの月にみられる交付金は特別交付税や普通交付税の追加交付です。社会保障の給付によって日銀当座預金が増えるのは，年を通じて医療費や介護費が支出されるためです[8]。純額をみると，普通交付税の交付月と年度末に中央政府から資金が散布され，税収が多い夏と年末年始に中央政府へ資金が吸収される傾向にあることがわかります。

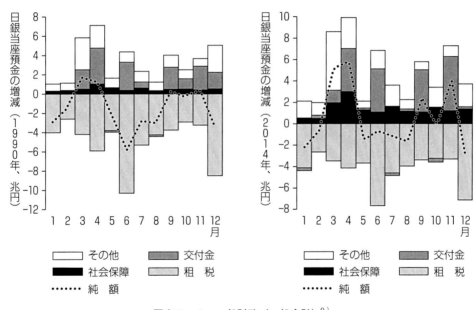

図表5−6　一般財政（一般会計）[9]

---

5) 中央政府の会計は原則一般会計で計理される。年金など特定の事業を行う場合や，地方交付税など特定の歳入を特定の歳出に充てる場合に特別会計で計理される。財政法13条，国民年金特別会計法，交付税及び地方譲与税配布金特別会計法を参照。特別会計に関する法律2条によると特別会計の設置数は13である。財務省，特別会計ガイドブックを参照。
6) 法人税法74条から77条を参照。我孫子（2006, p.20）によれば，収納日から政府預金計上日まで数日のラグがある。
7) 地方交付税法6条から16条を参照。総務省，地方行財政，地方財政制度，地方交付税も参照。
8) 我孫子（2006, p.22）によれば，社会保障は生活保護，社会福祉，社会保険，保健衛生対策，

図表5－7は一般財政（一般会計）を構成する要素の暦年累計を表しています。1990年と2014年を比べると，税による歳入は減り，社会保障とその他による歳出は増えています。純額の暦年累計は1990年の－18兆円から2014年の＋6兆円へ，24兆円増えています。

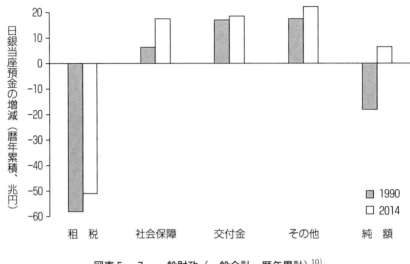

図表5－7　一般財政（一般会計，暦年累計）[10]

図表5－8は一般財政（特別会計）を要因分解したものです。プラスの値は年金の保険料納付を上回る給付や，財政投融資の回収を上回る運用によって特別会計から散布される資金の純額を表しています。マイナスの値は年金の給付を上回る保険料納付や，財政投融資の運用を上回る回収などによって特別会計へ吸収される資金の純額を表します。

保険が奇数月にマイナス，偶数月にプラスであるのは，偶数月に年金が給付されるためです。3月と9月に財政投融資のマイナスが目立つのは，これらの月に地方公共団体から元利払いを受けるためです。1990年4月にその他部門のプラスが目立つのは，この月に郵便貯金が大量償還されたためです[11]。純額をみると，偶数月に年金が給付されるために大きく増減する傾向にあることがわかります。

　　失業対策の各費用を含む。日本銀行財政収支研究会（1997, pp.148-153）によれば，国民健康保険費や老人福祉費は毎月概算払いされる。
9) 日本銀行，財政関連統計，財政資金収支，対民間収支からデータを取得し作成。財務省，財政資金対民間収支も参照。その他と純額は歳出と歳入の差額である。特別会計を経由して散布される交付税や社会保障が一般会計に計上されることについては我孫子（2006）を参照。
10) 日本銀行，財政関連統計，財政資金収支，対民間収支からデータを取得し作成。
11) 日本銀行，財政関連統計，財政資金収支，対民間収支によると，1990年4月の郵便局の項目は4兆6千億円の払い出しであった。

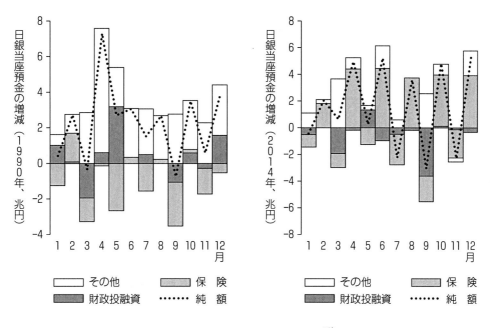

図表 5−8　一般財政（特別会計）[12]

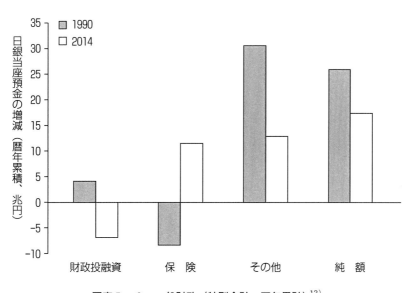

図表 5−9　一般財政（特別会計，暦年累計）[13]

---

12) 日本銀行，財政関連統計，財政資金収支，対民間収支からデータを取得し作成。財務省，財政資金対民間収支，財政融資資金法を参照。保険の項目は年金，労働保険，地震再保険，船員保険，農林保険，漁船再保険及び漁業共済保険，貿易再保険を含む。各項目は歳出と歳入の差額である。

13) 日本銀行，財政関連統計，財政資金収支，対民間収支からデータを取得し作成。

前ページの図表 5 − 9 は一般財政（特別会計）を構成する要素の暦年累計を表しています。1990年と2014年を比べると，財政投融資は運用超から回収超となり，年金など保険は納付超から給付超となり，その他部門は散布超の額が減っています。純額の暦年累計は1990年の＋27兆円から2014年の＋18兆円へ，9兆円減りました。

図表 5 − 10 は公債の発行と償還によって生じる日銀当座預金の増減を表しています。政府が国債や国庫短期証券を発行するとき，買い手である民間から政府へ資金が流れます。この資金の決済は日銀当座預金を減らし，政府預金を増やして済ませます。したがって，公債の発行は日銀当座預金の減少要因です。政府が国債や国庫短期証券を償還するとき，政府から保有主体である民間へ資金が流れます。この資金の決済は政府預金を減らし，日銀当座預金を増やして済ませます。したがって公債の償還は日銀当座預金の増加要因です。1990年のようすを表す左図をみると，発行と償還のバランスがよいことに気づきます。年累計では日銀当座預金を5兆円減らしました。2014年のようすを表す右図をみると，毎月発行が償還を上回っていることに気づきます。年累計では日銀当座預金を147兆円減らしました。国庫短期証券で資金繰りをする厳しい財政状況が映し出されています。

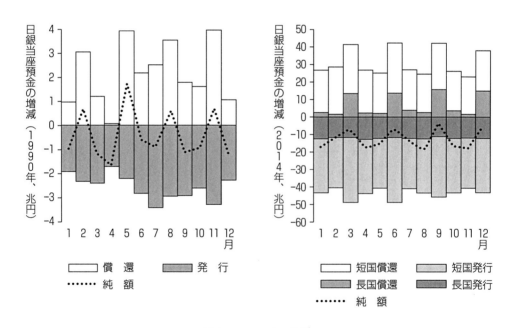

図表 5 − 10　公　債[14]

---

14) 日本銀行，財政関連統計，財政資金収支，対民間収支からデータを取得し作成。日本銀行の国債保有の影響については本書第7章参照。

図表5－11は一般財政（一般会計），一般財政（特別会計），公債にその他要因を加えた財政等要因の全容を表しています。1990年のようすを表す左図をみると，中央政府から民間への資金散布は一般会計の歳入でまかなわれていることがわかります。2014年のようすを表す右図をみると，年を通じて国債が資金不足をもたらしていることがわかります。2014年は1990年に比べて財政等要因による日銀当座預金の増減が激しくなっています。

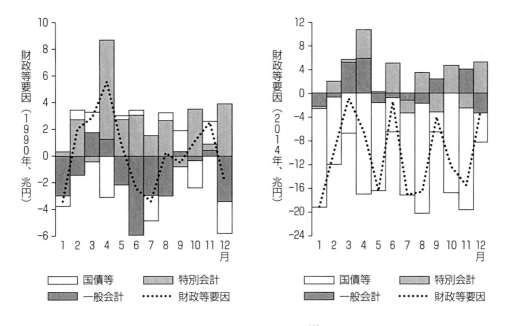

図表5－11　財政等要因[15]

③ 金融調節

次ページの図表5－12は銀行券要因と財政等要因によって日銀当座預金の総額が増減するようすを表しています。1990年には，5月から6月と11月から12月に日銀当座預金の総額は大幅に減りました。2014年には，おおよそ3か月のサイクルで増減を繰り返しました。日銀当座預金の総額が激しく増減するとき，コール市場の取引は不安定になります。

---

15) 日本銀行,財政関連統計,財政資金収支,対民間収支からデータを取得し作成。国債等は，財政資金対民間収支純額から一般会計と特別会計の純額を減じて求めた。対民収支の季節性については鎌田 (2006)，高野 (2006)，高野 (2007) を参照。財政等要因による変動縮減に向けた取り組みについては財務省,国庫金の効率的な管理について（平成17年8月26日），財務省,国庫金の効率的な管理の強化について（平成18年5月24日）を参照。

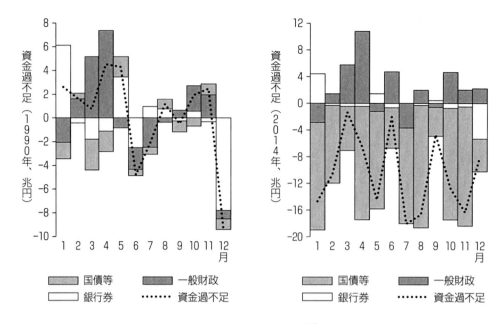

図表5－12 資金過不足[16]

　日本銀行は，日銀当座預金の総額の増減をならすために，日銀当座預金を供給したり吸収したりしています。これを金融調節といいます。日銀当座預金の総額が減るときには，図表5－13の左図のように，国債などのモノを金融機関から一時買い入れて日銀当座預金を供給します。日銀当座預金の総額が増えるときには，図表5－13の右図のように，国債などのモノを金融機関へ一時売り渡して日銀当座預金を吸収します。

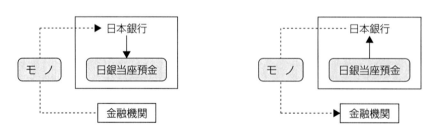

図表5－13 金融調節[17]

---

16) 日本銀行，財政関連統計，財政資金収支，対民間収支，日本銀行，日銀当座預金の増減要因からデータを取得し作成。セントラル短資，国内金融セミナー，6 資金需給によれば，対民間収支と財政等要因の計数は完全には一致しない。
17) 長澤訳（2001, p.235）に「公衆の手許にある流通中の現金と加盟銀行の準備資産との和は，中央銀行の総資産から自己資本および積立金を差し引き，また政府預金と，中央銀行に対する加盟銀行以外の預金者の預金をも差し引いたものに，等しいであろう。したがって大体をいえば，中央銀行が自己の総資産量を調節しうるならば，それは現金と銀行貨幣との流通量を調節することができるであろう」とある。長澤訳（2001, pp.241-243）も参照。

日本銀行は，金融機関と何を売買して金融を調節しているのでしょうか。図表5－14はそれをみるためのものです。プラスの値は日本銀行が日銀当座預金を供給したことを，マイナスの値は日本銀行が日銀当座預金を吸収したことを表します。図中，折れ線グラフは金融調節の総額を，棒グラフは金融調節の主な手段を表します。

1990年のようすをみると，1月から5月まで日本銀行が資金を吸収したことがわかります。6月以降は供給と吸収を交互に繰り返し，12月には8兆円を供給しています。金融調節の主な手段は短国売現先です。短国売現先とは，後日買い戻すことを約束して，日本銀行が手持ちの短期国債を金融機関へ売り渡す取引です。日本銀行と金融機関の国債の売買は日銀当座預金で決済されますので，日本銀行が短期国債を売ると，買い戻すまでの期間，売却代金の分だけ日銀当座預金が減ります。

2014年のようすをみると，日本銀行は年を通じて資金を供給したことがわかります。金融調節の主な手段は短国買入と長国買入です。買入とは，日本銀行が金融機関から短期国債や長期国債を買い入れる取引です。日本銀行が国債を買うと，購入代金の分だけ日銀当座預金が増えます。買入は，買い入れた国債を売り戻さないことを前提にしていますので，供給された日銀当座預金は原則減りません。

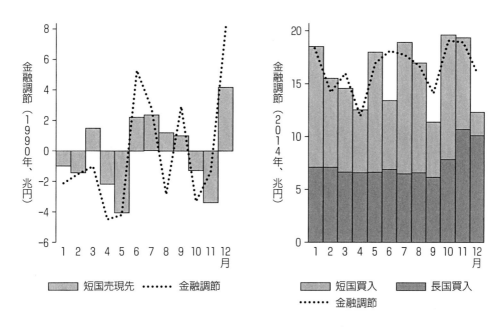

図表5－14　資金過不足と金融調節[18]

---

18) 日本銀行,日銀当座預金の増減要因からデータを取得し作成。

金融調節によって，日銀当座預金の総額の増減はどれほど抑えられたのでしょうか。図表5－15はそれをみるためのものです。図中，棒グラフは銀行券要因と財政等要因によって生じた資金過不足と金融調節を表し，折れ線グラフは金融調節によって生じた日銀当座預金の増減を表しています。1990年のようすを表す左図をみると，日本銀行は資金余剰となった1月から5月と8月，10月，11月に資金を吸収し，資金不足となったその他の月に資金を供給していることがわかります。資金過不足を打ち消すように金融を調節した結果，日銀当座預金の総額の増減は±2.5兆円の幅に収まりました。2014年のようすを表す右図をみると，年を通じた資金不足を打ち消すように，日本銀行は金融を調節したことがわかります。

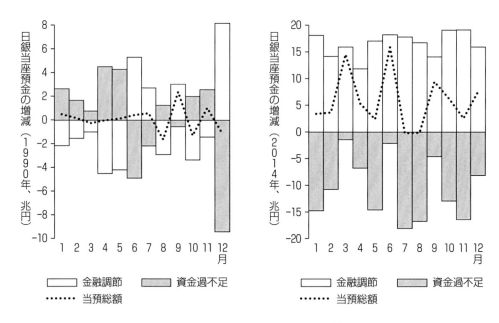

図表5－15　資金過不足と金融調節[19]

　図表5－16は，金融調節によって増減した日銀当座預金の額と法定準備預金額の増減を比べるためのものです。1990年のようすを表す左図をみると，年後半に増減が激しくなるものの，日銀当座預金は法定準備預金の増加に伴って増えたことがわかります[20]。2014年のようすを表す右図をみると，日銀当座預金は法定準備預金とほぼ無関係に増えたことがわかります。

　1990年と2014年の金融調節は，調節の手段と狙いともに異なるようです。

---

19) 日本銀行，財政関連統計，財政資金収支，対民間収支，日本銀行，日銀当座預金の増減要因からデータを取得し作成。

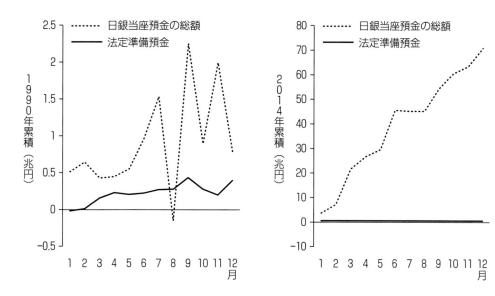

図表5−16　実需を超える資金供給（暦年累積）[21]

---

20) 法人企業統計から1990年の不動産業のデータをみると，金融機関借入金は横ばいであったが，その他の借入金は増えたことがわかる。その他の借入金の多くは系統金融機関から住宅金融専門会社を経由した資金だと思われる。バブル期の金融政策については香西他（2000）を，総量規制については資産価格変動のメカニズムとその経済効果に関する研究会（1993）を参照。長澤訳（2001, pp.382-385）も参照。

21) 日本銀行，日銀当座預金の増減要因からデータを取得し作成。

補論　日本銀行のバランスシート

　日本銀行は，マネーを負債に計上し，マネーを供給するときに購入したモノを資産に計上します。マネーを負債に計上するのは，日本銀行券を保有する私たち，企業，地方公共団体などにとって，日銀当座預金を保有する金融機関にとって，マネーは資産だからです。

図表5－17　日本銀行のバランスシート[22]

　本章で学んだ現金通貨の発行と還収，中央政府による財政の散布と吸収，金融調節による資金の供給と吸収は日本銀行のバランスシートに記されます。日本銀行券は日銀当座預金を取り崩して発行されます。日本銀行のバランスシートでは，負債の日銀当座預金が減り，日本銀行券が増えます。

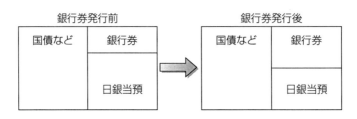

図表5－18　日本銀行券の発行

---

22) 日本銀行企画室（2004）を参照して作成。小泉・長澤訳（2001, p.6）に「国家はその表券主義的特権を行使して，この債務それ自身が負債を弁済するものとして受領されるべきことを布告するであろう。このようにして，」「単に債務であるにすぎなかったものが本来の貨幣になったときには，それはその性質を変えてしまっており，そしてもはや債務と見做されるべきではないのであって，その理由は，それ自身以外の他の何かあるものをもって支払いを強制されるということが，債務の基本的性質であるから」とある。

貨幣も日銀当座預金を取り崩して社会に供給されます。ただし、貨幣の発行者は日本銀行ではなく中央政府であるため、バランスシートの変化は日本銀行券の場合と異なります。政府が日本銀行に保有する預金は、目的別に区分けされています。財務省から貨幣の交付を受けるとき、図表5－19の左のように、日本銀行は政府の別口預金に貨幣の購入代金を入金します。この段階では、貨幣はマネーではなくモノとして管理されます。政府が支払いにつかえない別口預金に入金するのはこのためです。金融機関に貨幣を払い出す準備をするとき、図表5－19の中央のように、貨幣を日本銀行の営業上のバランスシートに載せます。この段階で貨幣はマネーと認識されます。準備された貨幣がすべて払い出されると、図表5－19の右のように、日本銀行の資産にあった貨幣はなくなり、払い出された貨幣と同額だけ日銀当座預金が減ります。

図表5－19　貨幣の発行[23]

私たちや企業が中央政府に税金を納めるとき、その決済は納税の窓口となった代理店金融機関の日銀当座預金を減らし、政府の当座預金を増やして済ませます。

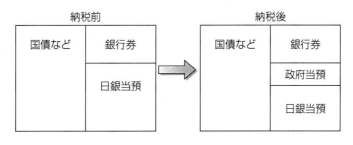

図表5－20　税金の納付

---

23) 大内（2005），我孫子（2006），渡部（2012）を参照して作成。貨幣回収準備資金に関する法律，貨幣回収準備資金に関する法律施行令，貨幣回収準備資金事務取扱規則，日本銀行貨幣回収準備資金出納取扱規則，政府預金受払手続，予算決算及び会計令を参照。貨幣発行高の5％は貨幣回収準備資金に繰り入れられ，95％は一般会計に繰り入れられる。

国債を買い入れる金融調節を行うとき，日本銀行は金融機関の日銀当座預金に購入代金を入金します。購入した国債は資産に計上され，購入代金は負債の日銀当座預金に計上されます。

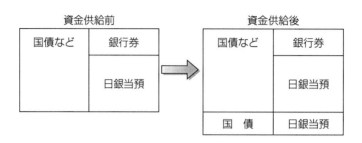

図表5-21　資金供給のオペレーション

日本銀行の活動，ひいては日本経済の活動は，日本銀行のバランスシートに反映されます。日本銀行は金融の専門家が高い関心を寄せるバランスシートを毎月上旬，中旬，下旬に公表しています。

資　産	387兆円	負　債（除：引当金）	380兆円
金地金	0.4兆円	発行銀行券	96兆円
貨　幣	0.2兆円	日銀当座預金	248兆円
日本国債	328兆円	政府預金	28兆円
貸付金	36兆円	その他	8兆円
その他	22.4兆円	資本金，準備金，引当金	7兆円

図表5-22　営業毎旬報告[24]

---

24) 日本銀行，営業毎旬報告（平成27年12月20日現在）からデータを取得し作成。表中の金地金とは金塊であり，引当金とは負債に計上される債券と外為の損失引当金である。日本銀行の業務とバランスシートの関係については日本銀行企画室（2000,2004）を参照。長澤訳（2001, p.236）に「中央銀行の可変的資産（すなわち銀行の土地，建物等以外の資産）は，便宜上三つに分類されるであろう。すなわち（一）金，（二）投資，および（三）貸出しである。「金」によって私は，中央銀行が自ら創造することのできないもので，それを法貨と換え，あるいは（および）法貨をそれに換えることが，法律によって中央銀行に義務づけられているような資産のすべてを意味する。「投資」によって私は，金以外のすべての資産で，中央銀行が自己の発意によって購入するものを意味し，したがってそれには，公開市場で購入される手形を含めてもよい。「貸出し」によって私は，金以外の資産で，中央銀行が法律あるいは慣習に基づいて買い入れてきたもののすべてを意味するが，この法律または慣習は，中央銀行に対して，このような資産が特定の条件を備えたうえで差し出される場合，その買上げを義務づけているのである」とある。

参考文献

- 我孫子善一郎『我が国の国庫制度—対民収支編—』ファイナンス，18-31，2006年。
- 大内聡『我が国の国庫制度について—入門編—』ファイナンス，42-62，2005年。
- 鎌田修『我が国の国庫制度—補足編—』ファイナンス，22-29，2006年。
- 香西泰・伊藤修・有岡律子『バブル期の金融政策とその反省』金融研究，217-260，2000年。
- 資産価格変動のメカニズムとその経済効果に関する研究会『資産価格変動のメカニズムとその経済効果』フィナンシャル・レビュー，30, 1-75，1993年。
- 下鶴毅『我が国の国庫制度—出納計理編—』ファイナンス，22-39，2005年。
- 高野寿也『我が国の国庫制度—応用編—』ファイナンス，11-16，2006年。
- 高野寿也『国庫キャッシュマネジメント改革』ファイナンス，9-15，2007年。
- 日本銀行『決済システムレポート2012-2013』2013年。
- 日本銀行企画室『「マネタリーベースと日本銀行の取引」統計について』2000年。
- 日本銀行企画室『日本銀行の政策・業務とバランスシート』2004年。
- 日本銀行財政収支研究会『新版 財政収支のみかた—わが国の国庫制度と財政資金の動き—』ときわ総合サービス，1997年。
- 渡部晶『わが国の通貨制度（幣制）の運用状況について』ファイナンス，18-31，2012年。
- Keynes, John Maynard著，小泉明・長澤惟恭訳『貨幣論Ⅰ 貨幣の純粋理論』ケインズ全集第5巻，東洋経済新報社，2001年。
- Keynes, John Maynard著，長澤惟恭訳『貨幣論Ⅱ 貨幣の応用理論』ケインズ全集第6巻，東洋経済新報社，2001年。

Reading List

- 日本銀行『近年の現金の利用動向について—現金流通システムの観点から—』調査月報1990年3月号，1-36，1990年。
- 米澤潤一『国債膨張の戦後史 1947－2013現場からの証言』きんざい，2013年。
- Rule, Garreth, 2015, Understanding the Central Bank Balance Sheet, Handbook No.32, Centre for Central Banking Studies, Bank of England.

第6章

短期金利

　第4章で日銀当座預金の過不足を調整するコール市場について学び，第5章で日銀当座預金の総額を調節する金融調節について学びました。本章ではコール市場での貸借につく短期金利について説明します。

❶ コールレート

　コール市場での貸借につく金利をコールレートといいます。図表6－1のように，銀行Aの日銀当座預金が余り，銀行Bの日銀当座預金が足りないとしましょう。このとき，銀行Aは銀行Bに日銀当座預金を貸し付けて運用します。

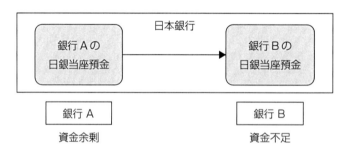

図表6－1　銀行間取引

　コール市場での貸借につく利息は次式から算出されます。分子の元金は貸借の金額，日数は貸借の期間を表します。コールレートは百分率で表示します。分母の365は1年の日数を表します。この数値は平年，閏年ともに変わりません。借り手が貸し手に払う利息は借りた金額，借りた期間，コールレートの水準によって決まります[1]。

$$利　息 = \frac{元金 \times 日数 \times コールレート}{365}$$

---

1) 短資協会（2015）を参照。レートの刻みは32分の1％，100分の1％，または1000分の1％である。日数は片落，1円未満の利息は切捨である。片落とは「日，週，月又は年によって期間を定めたときは，期間の初日は，算入しない」（民法140条）ことである。

コールレートが0.1％のときに100億円を1日借りると、利息は27,397円になります。

$$利　息 = \frac{100億円 \times 1日 \times 0.1\%}{365} = 27,397円$$

コールレートの水準は、日銀当座預金の手放しにくさによって決まります。日銀当座預金の手放しにくさは、日銀当座預金の総額、準備預金積み立ての進捗、決済の動向などに影響を受けて決まります。

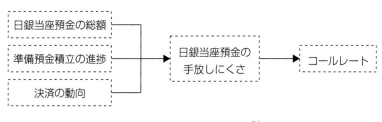

図表6−2　コールレート[2]

まず日銀当座預金の総額についてみます。日銀当座預金の総額は銀行券と財政等を要因として増減します。日銀当座預金の総額が減るときには手放しにくくなり、コールレートに上昇圧力がかかります。日銀当座預金の総額が増えるときには手放しやすくなり、コールレートに低下圧力がかかります。

図表6−3　日銀当座預金の総額

つづいて準備預金積み立ての進捗についてみます。準備預金制度に関する法律は、後積み方式で日銀当座預金を準備するよう求めています。たとえば、ある銀行の2016年1月の平均預金量が13兆円であったとしましょう。預金量の130分の1の日銀当座預金を保有することを義務づけられているならば、この銀行は2016年1月16日から2016年2月15日までの平均残高が1,000億円となるように日銀当座預金を積み立てなければなりません。

2）金融機関の信用力も日銀当座預金の手放しにくさに影響する。

この制度の下では，準備預金の積み立てが予定より遅れているとき，銀行は日銀当座預金を手放しにくくなり，コールレートに上昇圧力がかかります。準備預金の積み立てが予定より進んでいるとき，銀行は日銀当座預金を手放しやすくなり，コールレートに低下圧力がかかります。

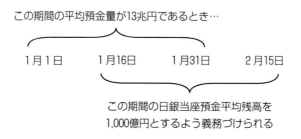

図表 6－4　準備預金の積み期[3]

さいごに決済の動向についてみます。私たちや企業は預金を支払いにつかいます。預金の支払いによって生じるホールセール決済には，日銀当座預金が用いられます。すると，決済が忙しくなるときや決済による出金が多くなるとき，金融機関は日銀当座預金を手放しにくくなり，コールレートに上昇圧力がかかります。決済が閑になるときや決済による入金が多くなるとき，金融機関は日銀当座預金を手放しやすくなり，コールレートに低下圧力がかかります。

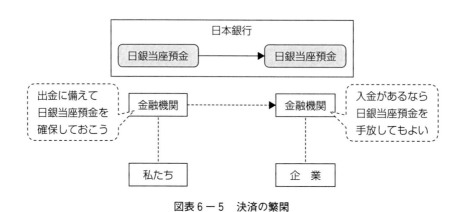

図表 6－5　決済の繁閑

図表 6－6 はここまでの説明をまとめたものです。日銀当座預金総額の減少，準備預金積み立ての遅れ，決済の繁忙は日銀当座預金を手放しにくくします。このとき，日銀当座

3）準備預金に関する法律 7 条，準備預金に関する法律施行令 6 条と 7 条，日本銀行，準備預金制度に関する準備率を参照して作成。

預金を手放す見返りの大きさを決めるコールレートは高くなります。日銀当座預金総額の増加，準備預金積み立ての前倒し，決済の閑散は日銀当座預金を手放しやすくします。このとき，日銀当座預金を手放す見返りの大きさを決めるコールレートは低くなります。

	日銀当座預金の総額	準備預金の積立	決　済
手放しにくい	減　少	遅　れ	繁　忙
手放しやすい	増　加	前倒し	閑　散

図表6－6　日銀当座預金の需要

❷ 金融調節の目標

日本銀行は，無担保コール翌日物の金利を誘導目標にして金融を調節してきました[4]。翌日物金利を誘導目標とするのはなぜでしょうか。それは金利水準が安定しているとき，日銀当座預金の需要と供給はおおよそ一致していると考えられるからです。需要の変化に応じて適切な量の日銀当座預金を供給すれば，金融機関は欲しいときに欲しい額だけ日銀当座預金を保有することができます。日本銀行は，金利水準を需給均衡の目安にしているようです。

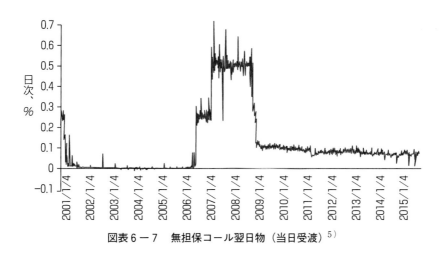

図表6－7　無担保コール翌日物（当日受渡）[5]

図表6－7は無担保コール翌日物の金利を表しています。金利水準は，2001年の春，2006年の春，2007年の春，2008年の秋から冬に変わっています。水準が変化するタイミングは，次ページの図表6－8に示した誘導目標の変更日と同じです。無担保コール翌日物の金利は誘導目標の付近を推移しました。

政策変更日	無担保コール（O/N）	補完貸付
2000年8月11日	平均的にみて0.25％前後	0.5％（2001年1月4日～）
2001年2月9日	平均的にみて0.25％前後	0.35％（2月13日～）
2001年2月28日	平均的にみて0.15％前後	0.25％（3月1日～）
2001年3月19日	市場に委ねられる	0.1％（9月19日～）
2006年3月9日	概ねゼロ％	0.1％
2006年7月14日	0.25％前後	0.4％
2007年2月21日	0.5％前後	0.75％
2008年10月31日	0.3％前後	0.5％
2008年12月19日	0.1％前後	0.3％
2010年10月5日	0～0.1％程度	0.3％

図表6－8　金融調節の誘導目標[6]

3　伝統的な金融調節

　コールレートを誘導目標とする金融調節を伝統的な金融調節ということがあります[7]。伝統的な金融調節の詳細をみましょう。図表6－9は2001年春のコール市場のようすを表しています。図中，無担O/Nは無担保コール翌日物金利を，有担O/Nは有担保コール翌日物金利を，トムネは翌日受け渡しの翌日物金利を，スポネは翌々日受け渡しの翌日物金利を表します。

　2001年2月28日に誘導目標が0.25％から0.15％へ変更されました。これに応じて，翌営業日からいずれの金利も下がりました。政策変更日である2月28日にスポネの値がないのは，政策変更日の翌営業日である3月1日にトムネで取引すれば，2月28日のスポ

4）長澤訳（2001, p.237）に「今日の中央銀行は—イングランド銀行の場合にはそれとなく，また連邦準備銀行の場合には公然と行われているような助言，勧告あるいは警告による心理的圧迫は別としてであるが，—これらの二つ，いいかえれば「公開市場政策」と公定歩合とに，その操作を限定してきている」とある。

5）短資協会, 時系列からデータを取得し作成。2004年頃にみられるマイナス金利については日本銀行金融市場局（2005）を参照。

6）日本銀行, 金融政策に関する決定事項等を参考に作成。補完貸付の基準割引率については，日本銀行, 基準割引率および基準貸付率（従来「公定歩合」として掲載されていたもの）の推移公表データ一覧を参照。金融調節の詳細は日本銀行金融市場局（2008）を参照。

7）本書は誘導目標が無担保コール翌日物の金利である政策を伝統的といい，誘導目標がそれ以外である政策を非伝統的という。

ネ取引と同じ日に資金の貸借ができるためだと考えられます。3月19日に誘導目標が0.15％から「市場に委ねられる」へ変更されました。これを受けて無担保コール翌日物金利は0.05％前後まで下がりました。

3月末に興味深いうごきがみられます。3月末2営業日前にスポネの金利が高まり，3月末1前日にトムネの金利が高まり，3月末営業日に即日物の金利が高まっています。これらはすべて年度末越えの資金貸借です。年度はじめの営業日となった2001年4月2日にこれら3種の取引がそろって満期を迎えました。これを反映して市場残高は20兆円に膨らみました。

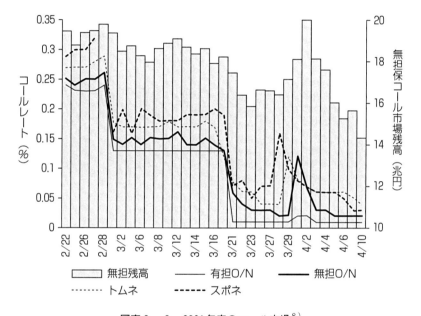

図表6－9　2001年春のコール市場[8]

次ページの図表6－10は2007年春のコール市場のようすを表しています。2月21日に誘導目標が0.25％から0.5％へ変更されました。これに応じて，翌営業日からいずれの金利も上がりました。

2月の中旬に興味深いうごきがみられます。1月の積み期最終日である2月15日にトムネとスポネの金利が上がり，2月の積み期初日である2月16日に無担保コールの金利が上がりました。2月21日の利上げを先取りするうごきはなぜ生じたのでしょうか。

---

8) 短資協会，時系列からデータを取得し作成。図中の「トムネ」はトモロウ物・翌日物を，「スポネ」はスポット物・翌日物を表す。資金需給とオペの詳細については日本銀行，日銀当座預金増減要因と金融調節（2010年から毎営業日更新），上田八木短資，デイリー・シグナル，セントラル短資，Daily Market Report，東京短資，東短デイリーを参照。

1月17日,18日の両日に開催された利上げ直前の金融政策決定会合に示唆があります。議事要旨をみると,誘導目標を0.5％へ変更する案が提出され,否決されていることがわかります（3人賛成,6人反対）。これをみた金融機関は,2月の金融政策決定会合では誘導目標が変更されると判断し,金利が上がる前にできるだけ多くの準備預金を積み立てておこうと考えたのだと思われます。早めの資金調達はコールレートとコール市場残高を高めました。

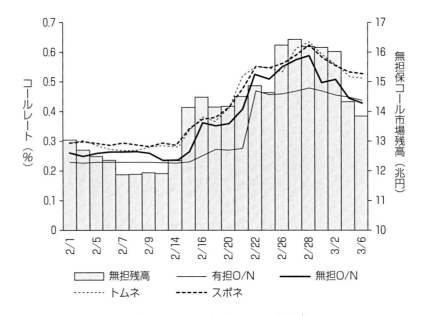

図表6－10　2007年春のコール市場[9]

　図表6－11は2008年秋のコール市場のようすを表しています。9月15日に米国の大手証券会社リーマンブラザーズが破綻しました。同日バンク・オブ・アメリカはメリルリンチを救済合併しました。9月16日には保険会社AIGが国有化されました。9月18日,日本銀行は米国,英国,カナダ,スイスの中央銀行と協調して米ドルを供給することにしました。この施策によって世界の金融市場のメルトダウンをなんとか回避し,日本の短期金融市場の混乱も一定の範囲内に封じ込めることができました。

　9月末は半期決算を迎える企業が多くありましたので,期越えの決済資金を調達すべく,月末の2営業日前である9月26日にスポネが,月末の前日である9月29日にトムネが上昇しました。9月末日の30日は前日までに潤沢な資金を確保した金融機関が多かったため,市場残高が落ち込みました。

9）短資協会,時系列からデータを取得し作成。

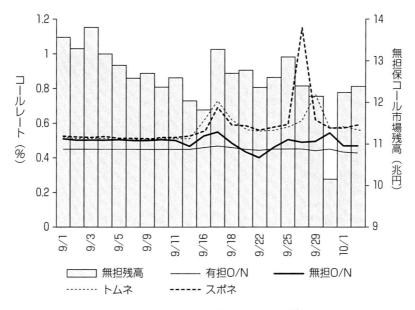

図表6－11　2008年秋のコール市場[10]

　米国金融市場の混乱は，2008年の年末に向かって，年越えの資金貸借の市場や株式市場へ波及してゆきました。企業の資金繰りに用いられる短期社債（電子CP）の金利は急騰し，9月のはじめに13,000円近辺を推移していた日経平均株価は10月8日に1,000円近く暴落して10,000円を割り込んだ後も落ち着かず，10月10日には8,300円を下回りました。次ページの図表6－12が示すように，9月の積み期終了目前に，オーバーナイト物金利はスポネ，トムネ，当日物ともに上昇しました。9月の積み期終了前日の10月14日，日本銀行は国債補完供給，国債現先オペ，CPおよびABCPの現先オペの拡充，年末越え資金の供給，日銀保有株式の売却停止と，政策を総動員して金融市場を支えました[11]。これにより，準備預金制度適用先は無事に準備預金の積み立てを終え，積み期最終日の15日に当日物の無担保コール翌日物金利は下がり，市場残高は減りました。

　この後，株式市場は一時小康を保ちましたが，月末にかけて再び下落し，10月27日には7,200円を割り込みました。10月31日，日本銀行は株価下落に対応するため，誘導目標を0.5％から0.3％へ引き下げました。この政策によってようやく株価の落ち込みは止まりました。12月19日の年内最後の金融政策決定会合では，誘導目標を0.3％から0.1％へ再度切り下げ，年末の短期金融市場に不測の事態が起こることを未然に防ぎました。

---

10) 短資協会，時系列からデータを取得し作成。
11) 日本銀行，金融市場安定確保のための金融調節面での対応策について，日本銀行，「株式の処分の指針」に基づく取引所市場における売却の停止についてを参照。2008年10月1日に発足した日本政策投資銀行による危機対応融資も参照。

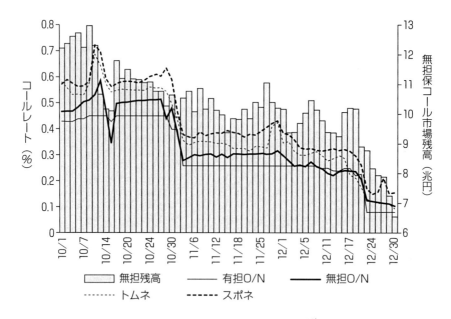

図表 6 − 12　2008 年冬のコール市場[12]

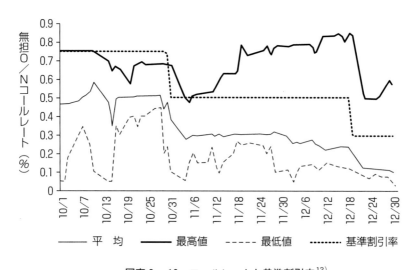

図表 6 − 13　コールレートと基準割引率[13]

　図表 6 − 13 は当日受け渡しの無担保コール翌日物の金利を表しています。図中，平均は取引高で加重した金利の平均値を，最高値と最低値はその日の取引でついた金利のうち最高値と最低値を表しています。基準割引率とは日本銀行から借り入れるときの基準金利

---

12) 短資協会，時系列からデータを取得し作成。電子 CP 金利の急騰については大山・廣瀬（2009），本書の図表 11 − 12 を参照。
13) 短資協会，時系列からデータを取得し作成。長澤訳（2001, pp.237-243）を参照。

です[14]。11月以降，最高金利が基準割引率を上回る日が続きました。借り入れコストだけを考えれば，低い基準割引率で日本銀行から資金を借り入れる方がよいのですが，「あの金融機関は市場から借りることができず，日本銀行から借りざるを得なかった」という烙印を押されるのを恐れて，基準割引率より高い金利で借りた金融機関があったようです。

図表6－14は2010年秋のコール市場のようすを表しています。リーマンブラザーズが破綻する直前の2008年9月12日に1米ドル107円台であった外国為替レートは，その後に欧米が実施した量的緩和によって2010年10月に83円台まで円高が進みました。円高デフレ型の不況に対応すべく，日本銀行は10月5日に金利，資産，目標を包括した金融緩和策を打ち出しました。金利の誘導目標を0～0.1％へ変更し，国債，CP，社債，ETF，J-REITなど多様な資産を買い入れ，デフレを脱却するまでゼロ金利を継続することを明らかにしました。

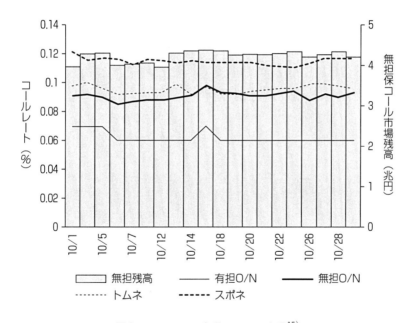

図表6－14　2010年秋のコール市場[15]

---

14) この金利が適用される貸付は，Bagehotという英国の評論家が著書『ロンバード街』の中で「金融危機のときに，資金が必要な金融機関へ高い金利で無制限に貸し付ける」ことを勧めたことからロンバード（ト）型貸付といわれる。久保訳（2011）を参照。長澤訳（2001, pp.237-238）に「イングランド銀行の「貸出」量（以上で定義した意味での）が，正常の場合にはゼロとなり（以下に述べるような制約の下で），そして，季節的な事情およびその他の緊急の状況に応ずるためのものとして，一時的および短期間についてしか生ずることのないように，仕組まれてきていた」とある。
15) 短資協会,時系列からデータを取得し作成。

工夫に満ちた画期的な金融緩和策でしたが，コール市場はこの新政策に対して大きく反応しませんでした。図表6－14が示すように無担保コール市場は凪の状態でした。これは，リーマンショックの直後から実施されてきた金融緩和によって無担保コール市場の取引が細っていたためだと考えられます。また，金利の誘導目標を水準から範囲に変えたり，通常の買い入れ枠とは別に基金を設けたりという政策は，金融の専門家でも解釈が難しいものでした。さらに，銀行券ルールが維持されたままでの資産買い入れが，「この措置は一時的なものであり，近い未来に終了する」という印象を与えたことも影響したと思われます。

　2008年12月19日から，日本銀行は準備預金適用先の法定準備預金額を超える日銀当座預金等に0.1％の利子をつけるようにしました。図表6－14をみると，日銀当座預金を保有していれば年利0.1％の利子が得られるのに，有担保コールの金利は0.06％まで下がっています。これは，付利を受けない投資信託がMRFに有担保コールを組み入れていたためです[16]。日本銀行はコールレートを付利と基準割引率で挟み込み，コリドーを形成しようとしましたが，市場は金利下限を付利ではなく，有担保コールに求めました。

　2000年代の伝統的な金融調節を振り返ると，おおよそ次のようなことがいえます。平時においては，日本銀行は日銀当座預金の総額の増減に応じて金融を調節しました。決済の繁閑などによってコールレートは誘導目標から一時的に離れますが，それには介入せず市場に委ねました[17]。金融危機など有事においては，最後の貸し手として金融機関の「日銀当座預金を手放したくない」という気持ちを打ち消す努力をしました[18]。

---

16) 日本銀行金融市場局（2014）を参照。
17) 長澤訳（2001, p.240）に「「健全」銀行主義という問題は」「ほとんど機械的な制度の作動様式を，可能なかぎり予見し，そして，季節的およびこれに類いする気まぐれな変動に対して順応するということにかかわる，完全に正確な意味での，技術的な問題であった」とある。
18)「最後の貸し手」については長澤訳（2001, p.246）を参照。

参考文献

- 大山慎介・廣瀬康生『企業金融の円滑化に向けたCPオペの効果の識別―金融危機下の資金供給オペレーションに関する一考察―』日本銀行ワーキングペーパーシリーズ，09-J-9，2009年。
- 短資協会『インターバンク市場取引要綱』2015年。
- 日本銀行金融市場局『短期金融市場におけるマイナス金利取引』日本銀行調査論文，2005年。
- 日本銀行金融市場局『日本銀行の金融市場調節』日本銀行調査論文，2008年。
- 日本銀行金融市場局『2013年度の金融市場調節』日本銀行調査論文，2014年。
- Bagehot, Walter著，久保恵美子訳『ロンバード街 金融市場の解説』日経BP，2011年。
- Keynes, John Maynard著，長澤惟恭訳『貨幣論Ⅱ 貨幣の応用理論』ケインズ全集第6巻，東洋経済新報社，2001年。

Reading List

- 白川方明『現代の金融政策 理論と実際』日本経済新聞出版社，2008年。
- 須田美矢子『リスクとの闘い 日銀政策委員会の10年を振り返る』日本経済新聞出版社，2014年。

第7章

量的・質的金融緩和

　前章では，無担保コール翌日物の金利を誘導目標とする伝統的な金融調節について学びました。本章では2013年4月から実施されている非伝統的な金融調節について説明します。

1 異次元緩和

　2013年4月3日と4日の両日に開催された金融政策決定会合で「量的・質的金融緩和」という新たな金融調節の方針が決定されました。図表7－1は方針の特徴をまとめたものです。まず感じられるのは，方針のわかりやすさです。2年で2％，2年で2倍など「2」を多用し，金融調節の方針を多くの人に理解してもらう工夫がみえます。従来の方針は短期金融市場の専門家に向けて書かれ，短期金融市場に関わらない金融機関の人，金融を専門としない経済学者，政治家，官僚，一般の人には理解しえないものでした。「異次元」ともいえる方針は，経済活動を営む多様な人びとに「なにかが変わるのではないか」という印象を与えました。

明確な目標	2年程度で2％の物価安定目標を達成	
異次元の量	2年で2倍，年間60～70兆円の増加	
異次元の質	長期国債	年間50兆円買い入れ，2年で2倍以上
		平均残存期間3年から7年へ
	ETF	年間1兆円の買い入れ，2年で2倍以上
	J-REIT	年間300億円の買い入れ

図表7－1　質的・量的金融緩和[1]

　2014年10月31日に開催された金融政策決定会合で「量的・質的金融緩和」の拡大が決定されました。2013年4月の会合で「経済・物価情勢について上下双方向のリスク要因

1）日本銀行,「量的・質的金融緩和」の導入について，黒田（2013）を参照して作成。方針の大部分は9人全員賛成で，金融緩和の継続期間は8人賛成1人反対で可決された。
2）日本銀行,「量的・質的金融緩和」の導入について（2013年4月4日, p.2）から引用。

を点検し,必要な調整を行う」2)としたところ,2014年4月に実施された消費税率引き上げの影響,中国経済と欧州圏経済の停滞,資源価格下落による資源輸出国経済の不振などをみて,一層の緩和に踏み切りました。この際,「今回の措置が人々のマインドに働きかけるものであることを踏まえると,戦力の逐次投入と受け取られないよう,リスク量や副作用も勘案のうえ,可能な限り大きな規模を目指すべきである」3)という意見が出され,議論となりました。投票の結果,会合の議決権を持つ9人のうち賛成5人,反対4人という最小差で金融緩和の拡大が決まりました。図表7-2にあるように,30兆円買い増し,保有国債の残存期間3年伸張,買い入れ額3倍など「3」を多用して,金融緩和を大規模に拡大することを強調しました。専門家が全く予想しないタイミングと規模で実施された追加緩和は,金融市場に衝撃を与えました4)。

明確な目標		2年程度で2%の物価安定を達成
異次元の量		年間80兆円の増加
異次元の質	長期国債	年間30兆円買い増して年間80兆円の増加
		平均残存期間を3年伸ばし,7年～10年へ
	ETF	従来の3倍,年間3兆円の買い入れ
	J-REIT	従来の3倍,年間900億円の買い入れ

図表7-2　質的・量的金融緩和の拡大5)

2段階の金融緩和は,一般の人たちにおおむね好意的に受け止められましたが,伝統的な金融調節の方針に慣れ親しんだ経済学者や市場関係者には,ある種の懐疑が広がりました。以下,図表7-3にそって伝統的な金融調節と量的・質的金融緩和の違いをみましょう。

	伝統的な政策	異次元の政策
ハイパワードマネー	受動的に調節	能動的に調節
長期国債の買い入れ	発行銀行券の見合い	イールドカーブの制御
リスク資産の買い入れ	金融市場の安定	リスクプレミアムの圧縮

図表7-3　伝統的な政策と異次元の政策

3) 日本銀行,金融政策決定会合議事要旨(2014年10月31日開催分,p.9)から引用。
4) イールドカーブ下押し圧力は強く,2015年1月に4年までの期間の金利がマイナスとなった。2015年1月19日には10年物金利が0.206%となった。金利は財務省,国債金利情報から取得。
5) 日本銀行,「量的・質的金融緩和」の拡大(2014年10月31日)を参照して作成。本書は2015年秋に執筆した。その後に決定された政策について本文で言及しない。

まず，量的・質的金融緩和はマネタリーベースを2年で2倍以上にする方針を掲げました。マネタリーベースとは，本書でハイパワードマネーと表記しているもので，発行日本銀行券，流通貨幣，日銀当座預金の総額です。伝統的な金融調節にハイパワードマネーを能動的に調節する発想はありません。日銀当座預金の総額の増減を打ち消すように，金融を受動的に調節します。

また，ハイパワードマネーを2年で2倍にするのは，異様に感じられます。「異次元」はおおげさな形容詞ではありません。準備預金制度で預金の130分の1の日銀当座預金を保有することが義務づけられているときに日銀当座預金を60兆円増やせば，預金は最大で60兆円×130＝7,800兆円増えることになります。日銀当座預金を80兆円増やせば，預金は最大で80兆円×130＝1京400兆円増えることになります。「量的・質的金融緩和でハイパーインフレになる」という人がいますが，この机上の計算が現実のものとなれば，高インフレになるのは間違いありません。反対に，爆発的な信用創造が起きないのであれば，巨額の日銀当座預金を供給する理由は見当たらなくなります。

図表7－4　ハイパワードマネーの拡張[6]

量的・質的金融緩和はまた，国債を大量に買い入れる方針を掲げました。伝統的な金融調節に，日銀当座預金の総額を増やすために国債を買い入れる発想はありません。日本銀行券発行高を上回らない範囲で国債を買い入れます。日本銀行は，無利子の負債と有利子の資産との利回り差から利益を得ますので，無利子の日本銀行券の見合いに有利子の国債を保有するのは賢明な判断です。考えを少し拡張して，預金も趨勢的に増えるとみて，銀行券発行高に法定準備預金額を加えた額まで国債を買い入れることもできるでしょう。ただし，いずれのルールもマネーの見合いに何を保有すれば日本銀行が利益を得られるかという考えに基づきます。日銀当座預金の総額を増やすために国債を買い入れるのは，財政ファイナンスでありタブーとされています。

---

[6] 準備預金制度における準備率を政策手段とする「より伝統的な」立場では，日銀当座預金の総額の増加は準備率の引き上げによって生じると考えるので，金融を緩和するために日銀当座預金を増やすという方針に違和感を感じたかもしれない。吉野他（1993）を参照。

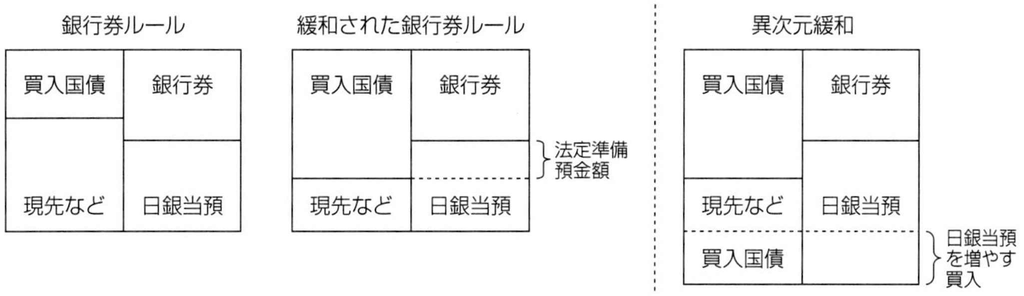

図表 7－5　長期国債の買い入れ[7]

　量的・質的金融緩和では買い入れる資産の種類も多様です。まず，残存期間が長い長期国債を買い入れ，日本銀行が保有する国債の平均残存期間を 7 年以上にする方針を掲げました。残存期間が長い国債を買い入れて利回りを低下させ，国債の利回りをもとに決まるその他の長期金利も低下させることをねらいとしています。1,000兆円規模ともいわれる市場で決まる利回りに影響を与えるには，国債を大規模に買い入れなければなりません。伝統的な金融調節に，金融市場の価格形成に影響を与える発想はありません。例外は，日本銀行が唯一の供給者である日銀当座預金を貸借するコール市場です。伝統的な金融調節の誘導目標が無担保コール翌日物の金利であるのはこのためです。

図表 7－6　国債市場の価格形成[8]

　残存期間が長い国債に加えて，ETFとJ-REITにも買い入れ目標額を掲げました。ETFとは価格が日経平均，TOPIX，JPXの株価指数等と連動している証券であり，J-REITとは不動産の投資収益を証券化した金融商品です。価格変動リスクと信用リスクがあるこれらの証券を買い入れるのは，投資家のリスクに対する態度を和らげてリスクプレミアムを低下させるためです。伝統的な金融調節にプレミアムを制御する発想はありません。プレミアムは投資家や金融機関の判断で決まるものと考えます。中央銀行がリスク資産を買い入れるのは，買い手が消滅し，市場が崩壊の瀬戸際に立つ緊急時に限られます。

7）日本銀行金融市場局（2009, pp.26-28）のBOX 2 を参照して作成。
8）中央銀行が大規模な買い手として振舞うことをWhale in a Poolと評することがある。水槽に入れられた鯨は身動きが取れないという意味であろう。

図表7-7　リスクプレミアム

　量的・質的金融緩和が「異次元」といわれるのは，伝統的な金融調節と相容れない複数の政策手段の束であるためです[9]。

2　金融調節の詳細

　異次元の金融緩和をデータから読み解きましょう[10]。まず，日銀当座預金の総額の増減と金融調節の概要をみます。図表7-8の左図は，量的・質的金融緩和がはじまった2013年4月以降の資金過不足を累積値で表しています。銀行券要因は，発行高が増えたことを反映して資金不足をもたらしましたが，資金過不足全体からみるとごくわずかです。財政等要因のうち一般会計と特別会計を含む一般財政等は，年金の支給などを反映して資金余剰をもたらしました。長期国債と国庫短期証券は，いずれも資金不足をもたらしました。これらを総合すると，2015年11月までの累計で331兆円の資金不足となります。図表7-8の右図は，資金不足を解消するために供給された日銀当座預金を累計値で示しています。331兆円の資金不足に対して，日本銀行は518兆円を供給しました。結果として，日銀当座預金は両者の差額187兆円だけ増えました。

---

9) 長澤訳（2001, pp.226-227）に「一方には銀行家があって，彼らは経験から学んできた粗雑な経験則に固執することにより，少なくともある程度の態度の健全さを保っている。他方には，世にも最も公平無私な人びとの一団，すなわち異端者と変り者の大群があって，その数と熱心さとには驚くべきものがある」。「異端者と銀行家とを共通の理解の下に和解させるように試みることは，この問題について筆を執るすべての人の義務」である，とある。また，長澤訳（2001, p.388）に「異常な方法といっても，実際にはそれは，公開市場操作という正常な方法を，強化することでしかない。私は，公開市場操作という方法が，最後の最後まで遂行されたような例を，一つも知らない。中央銀行は，これまで常に――一部は恐らく素朴な型の数量説に影響されていたためであろうが――銀行貨幣の総量をその正常な量から，超過するにせよ不足するにせよ，著しく乖離させるような効果をもつ方策を採ることについて，非常に神経質であった。しかし私の考えでは，このような心情的傾向は，公衆の「強気」あるいは「弱気」が銀行貨幣の需要に対して演ずる役割を無視しており，そしてそれは，産業的流通に関心をもつあまりに，金融的流通を忘れ，後者〔すなわち金融的流通という貨幣残高〕が，前者とまったく同じほどの大きさのものであり，また激しく変化する可能性がはるかに大きいという統計的事実を，見落としている」とある。

第7章　量的・質的金融緩和　◎―― 81

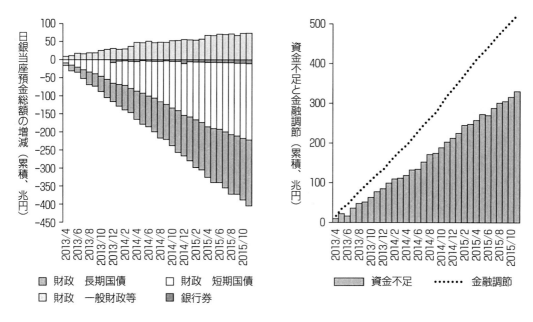

図表7－8　日銀当座預金の増減要因と金融調節[11]

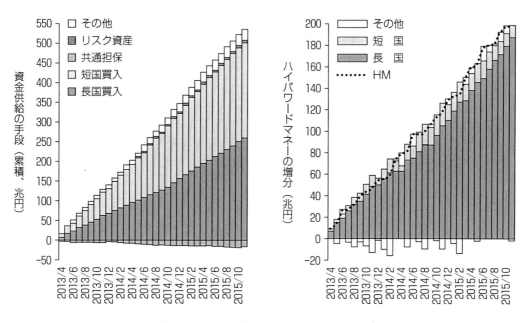

図表7－9　金融調節とハイパワードマネー[12]

---

10) 本節は日本銀行企画局（2015），日本銀行金融市場局（2014, 2015）をもとに記述した。
11) 日本銀行，日銀当座預金の増減要因と金融調節からデータを取得し作成。財政等要因のうち一般財政等は，長期国債と国庫短期証券による資金過不足を除いた額である。
12) 日本銀行，日銀当座預金の増減要因と金融調節，日本銀行，マネタリーベースと日本銀行の取引からデータを取得し作成。右図のHMはハイパワードマネーである。

前ページ図表7－9の左図は資金供給の手段を累計値で表しています。長期国債の買い入れが259兆円，国庫短期証券の買い入れが243兆円と多くを占めています。図表7－9の右図は資金供給によって増えた日本銀行の資産を表しています。日本銀行が保有する国債の増分は，買い入れた国債の累計より少ないようです。日本銀行は，長期国債を259兆円買い入れましたが増分は187兆円にとどまり，国庫短期証券を243兆円買い入れましたが増分は12兆円にとどまりました。買い入れ累計より増分が少ないのはなぜでしょうか。

図表7－10はこの問いに答えるためのものです。左図は日本銀行が買い入れた長期国債のうち，満期を迎えて償還された額を内数で表しています。買い入れた259兆円のうち72兆円が償還され，増分は187兆円となりました。右図は日本銀行が買い入れた国庫短期証券のうち，満期を迎えて償還された額を内数で表しています。243兆円を買い入れ，35兆円を引き受け，266兆円が償還され，増分は12兆円となりました。

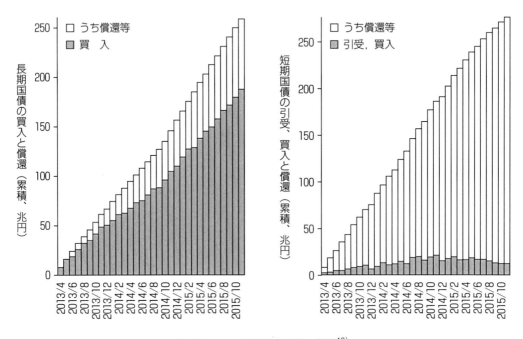

図表7－10　日銀保有国債の償還[13]

興味深いことに，日本銀行に償還された長期国債の元金72兆円と国庫短期証券の元金266兆円の和である338兆円は，資金不足の累計331兆円とそれほど変わりません。これはなぜでしょうか。

---

13) 日本銀行，マネタリーベースと日本銀行の取引からデータを取得し作成。

国債が満期を迎えると，政府は日本銀行に保有する政府預金で国債を償還します。したがって，政府が日本銀行保有の国債を償還するとき，日本銀行の資産である国債と負債である政府預金は減ります。政府が償還金を民間から調達すれば，日銀当座預金は減ります。国債の償還額累計と資金不足額累計に大きな開きがないのはこのためです。

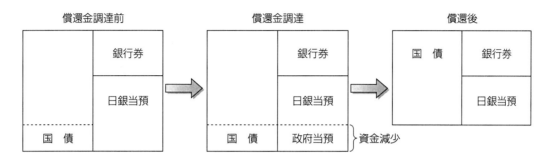

図表 7 －11　償還金調達による資金減少（日本銀行のバランスシート）

　巨額の資金不足を補うために，日本銀行は国債を買い入れて日銀当座預金を供給しました。国債は，それを発行する中央政府から，金融機関，日本銀行へとわたります。日本銀行へ償還金を払うために，中央政府は国債を発行します。金融機関が国債を買う資金は，日本銀行が金融機関から国債を買い入れて供給します。国債と資金が中央政府，金融機関，日本銀行を回遊しているようにみえます。

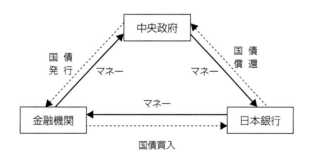

図表 7 －12　国債とマネーの回遊

　次ページの図表 7 －13は，日本銀行による多額の国債買い入れが国債市場に与えた影響を表しています。縦軸の日本国債VIXは，国債の値動きの激しさを反映する指標です。異次元緩和がはじまるとすぐに値動きが激しくなりました。4月上旬と5月中旬には，日本取引所が設定した値幅制限まで価格が動き，10分間取引を中断するサーキット・ブレーカーが発動されました[14]。これをうけて，日本銀行は国債の買い入れを工夫することに

14）株式会社大阪取引所（2015, p.54）の図表Ⅲ-6，土川他（2013）を参照。

しました[15]。その後VIXの値は異次元緩和前の水準に落ち着きましたが，2014年10月に金融緩和を拡大すると再び高まりました。大規模な国債買い入れが市場に与える影響をみるため，日本銀行は2015年から債券市場の機能度を表す指標，金利の見通し，取引高，スプレッドなど市場のミクロ構造を調査し公表しています[16]。

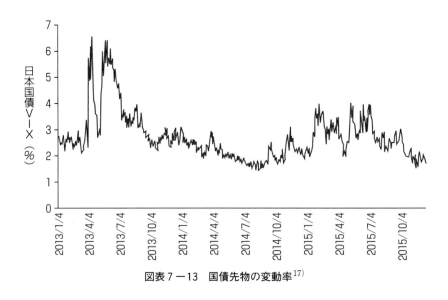

図表7－13　国債先物の変動率[17]

　量的・質的金融緩和の効果をみましょう。ここでは考察の対象を銀行行動に絞り，長期金利，株式市場，期待物価上昇率，物価水準，生産水準，雇用などに与えた影響の考察は他書に譲ります。

　銀行のバランスシートはどのように変化したのでしょうか。図表7－14は量的・質的金融緩和後に生じた国内銀行の資産変動を要因分解したものです。日本銀行が国債を大量に買い入れたことを反映して，銀行の国債保有高は60兆円減り，現金と預け金（日銀当座預金）は112兆円増えました。コールローン，買現先，債券貸借を含む短期運用は15兆円減りました。これは多額の日銀当座預金が供給されたためだと考えられます。貸出金は27兆円増えました。異次元の緩和によって銀行の資産構成は変わりました。

　日本銀行は，貸し出しを増やした銀行に対して，準備預金積み増しの負担を軽くするために日銀当座預金を供給しています[18]。多額の日銀当座預金が供給されることから利用が進むか注目されていましたが，図表7－15が示すように，積極的に利用されているようです。2013年3月以降，貸出残高は24兆円増えました。

---

15) 日本銀行金融市場局，「市場参加者との意見交換会」の開催について（2013年5月22日），日本銀行金融市場局，当面の長期国債買入れの運営について（2013年5月30日）を参照。
16) 日本銀行，債券市場サーベイを参照。国債市場については黒崎他（2015）を参照。
17) 日本取引所，JPX国債先物ボラティリティ・インデックスからデータを取得し作成。

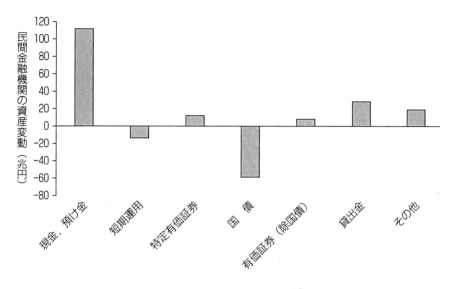

図表 7 − 14　国内銀行の資産[19]

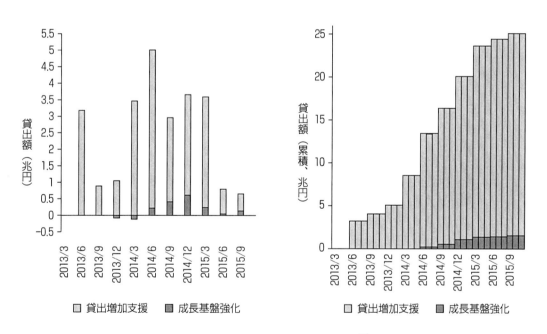

図表 7 − 15　貸出支援基金の利用状況[20]

---

18) 2012年12月20日に導入が決まった「貸出支援基金」は，2010年6月15日に決定され，2010年8月から供給された「成長基盤強化を支援するための資金」を包摂する形で2013年6月から資金が供給されている。
19) 日本銀行，民間金融機関の資産・負債からデータを取得し作成。齋藤他（2014）を参照。

図表7−16は増加した貸出金を貸出先別に表しています。製造業への貸し出しは1兆円の増加にとどまりました。貸出金は製造業の工場建設や設備導入に充てられるものと考えがちですが，異次元緩和期には，こうした先入観と異なる現象が生じています。増加が目立つのは非製造業と個人です。個人向け貸し出しの多くは住宅ローンのようです[21]。

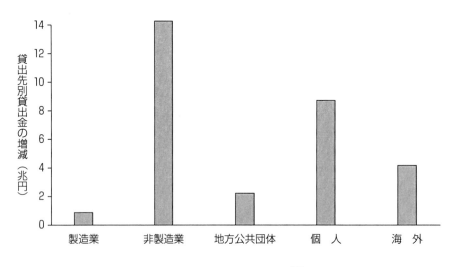

図表7−16　貸出先別貸出金[22]

　図表7−17は非製造業向け貸し出しのうち，貸出額増加上位5業種を掲げています。金融・保険，不動産，物品賃貸という広義の金融関連業への貸し出しが増えています。また，電気・ガス・熱供給・水道や医療・福祉といった成長が見込まれる産業への貸し出しも増えています。

貸出増加上位5業種	兆円
金融，保険	5.0
不動産	3.7
物品賃貸	1.8
電気・ガス・熱供給・水道	1.7
医療・福祉	1.1

図表7−17　非製造業の業種別貸出先[23]

---

20) 日本銀行，日銀当座預金の増減要因と金融調節からデータを取得し作成。日本銀行，貸出支援基金，日本銀行企画局（2010）を参照。日本銀行，教えて！にちぎん，成長基盤強化や貸出増加を支援するための資金供給とはなんですかを参照。

❸ 海図なき航海

「市場に委ねる」から「市場に働きかける」へ転換した量的・質的金融緩和は，銀行資産の組み替えと貸し出しの増加をもたらし，一定の成功を収めています。ただし，この政策は伝統的な発想と異なる考えにもとづいて実施されていますので，経験したことがない事態を引き起こすリスクをはらんでいます。ここでは，伝統的な金融調節の方針に慣れ親しんだ経済学者や市場関係者が懸念するハイパーインフレと財政ファイナンスについて考えます。

◇ハイパーインフレの懸念

まず，ハイパーインフレについて考えます。ハイパーインフレはさまざまに定義されますが，ここでは第1次大戦後のドイツで生じた物価暴騰をハイパーインフレと定義しましょう。量的・質的金融緩和の導入から3年近くが経過した本書執筆時点で，この種の物価暴騰は生じていません。むしろ，再デフレ化が懸念される状況です。未来のことは誰にもわかりませんが，日本でハイパーインフレが起きる確率を考えるのは，欧州の通貨ユーロが消滅する確率や中国が分裂する確率を考えるに等しいのではないでしょうか。

発生確率が0より充分に高いのは新興資源国型インフレです。資本に乏しい新興国は多くの場合外資を導入して経済を運営します。外資を得た新興国の多くは，農作物，原油，鉱石など少数の一次産品を中心に経済成長を目指します。新興資源国型インフレは，外資本国の利上げや一次産品の販売不振などを契機に起きます。外資本国の利上げは新興国投資の魅力を低下させ，一次産品の販売不振は新興国経済の成長期待を損ないます。よって，外資は流出しはじめます。外資流出によって通貨が安くなると輸入物価は上がります。低下した通貨の購買力を補うために金融を緩和すると，物価はさらに騰貴します。物価の騰貴によって社会の不満に火がつくと政情不安になり，外資引き上げは加速します。事態がより進むと，国内通貨と並行して米ドルが流通するようになります。これをドル化といいます[24]。

---

21) 住宅金融支援機構,業態別住宅ローンの新規貸出額及び貸出残高の推移を参照。
22) 日本銀行,貸出先別貸出金からデータを取得し作成。
23) 日本銀行,貸出先別貸出金からデータを取得し作成。

日本は新興資源国ではありませんが，生じるとすれば外国資本の流出，通貨安，輸入インフレ，政情不安，ドル化が襲う，この種のインフレでしょう。外国の中央銀行が日本銀行に5兆円規模の預金をしている現状，心配は少ないのですが，データから状況を確認してみましょう。為替レートは28％切り下がりましたが，輸入物価は原油価格下落の恩恵を受けて12％下がりました。視点をミクロに移すと，円安で食料品など輸入一次産品の価格は上がりましたが，日本を本拠とする多国籍企業の利益は増えました。この得失を数値で測るのは容易でありませんが，ここまでのところ，利益が損失を上回っているようです。しかし，米国の利上げが為替レートや輸入物価に今後どのような影響を与えるかは注視すべきです[25]。

	M1	M3	為替レート	輸入物価	消費者物価
2013年3月	572兆円	1,157兆円	94.04円	122.2	99.4
2015年10月	621兆円	1,228兆円	120.74円	108.0	103.9
変化率	9％	6％	28％	−12％	5％

図表7−18　マネーの量，為替レート，物価[26]

◇財政ファイナンスの懸念

つづいて財政ファイナンスについて考えます。政府の歳出に充てる資金は，なんらかの方法で調達されます。最も厳格な調達のしかたは徴税です。歳出を税金でまかなうのが財政の古典的な考え方です。しかし，税金で歳出をまかなえる国は少なく，多くは国債を発行して不足を補っています。

リーマンショックの後，先進国は国債を発行して財政支出を増やしました。その中で財政の持続可能性を高める方法が模索されました。そのうち，耳目をひくものの1つは国債の中央銀行引き受けでした。これは政府が発行する国債を市場に売り出さず，中央銀行が

---

24) 長澤訳（2001, p.289）に「自国の輸出が，主として，価格と数量との非常に変化しやすい少数の種類の作物に依存している国—たとえばブラジルのような—の〔中央〕銀行は，種々の貿易を営みその輸出入の総量がかなり安定しているような国よりも，多くの自由準備を必要とする」とある。ドル化についてはDornbusch et al. (1990) を参照。

25) 長澤訳（2001, p.230）に「もし彼らが，その準備に関りなく信用を創造することになったとすれば，金は国外に流出して，通貨の兌換性を危うくするであろうし，あるいは金本位が停止されている場合には，外国為替相場が下落し，したがって輸入品の費用が，高められることになる」とある。

26) 日本銀行, マネーストック, 日本銀行, 企業物価指数, 総務省統計局, 消費者物価指数からデータを取得し作成。M1, M3, 為替レートは月末値であり，輸入物価と消費者物価は月次データである。第1次大戦後ドイツのハイパーインフレについては戸原（2006）を参照。

政府から直接買うことです。日本国では，日本銀行が日本国政府から日本国債を直接買い取ることを意味します。一見財政の持続可能性が高まるようにみえますが，国債の買い手が日本銀行であるだけで，元利払いをしなければならないのは，国債の買い手が民間であるときと変わりません。元利払いを税収でまかなえなければ国債を増発せざるを得なくなりますので，日銀引受は財政の持続可能性に影響を与えることはできません。

元利払いをせずにすむようにみえる，より過激な方策として政府紙幣の発行も議論されました。現行制度の下では，政府紙幣は貨幣と同じ手順で発行されます。すでに流通している日本銀行券や貨幣との混乱を避けるために，政府紙幣は流通させずに日本銀行のバランスシートにとどめ，政府紙幣の見合いである政府預金を歳出に充てる形になるでしょう[27]。日本国政府は労せずまとまった額の歳出ができ，得だと感じるかもしれません。

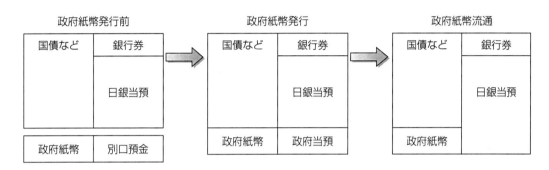

図表7-19　政府紙幣の発行

しかし，現実はそれほど単純ではありません。日本銀行は政府紙幣という売却できない無利子の資産を大量に抱えることになります。超過準備等に0.1％の利子をつけている状況では，日本銀行のバランスシート上に有利子の負債と無利子の資産が載ることになります。300兆円の政府紙幣を発行するならば，単純計算で毎期300兆円×0.1％＝3,000億円

---

[27] 二千円札の流通状況をみると，これが政府紙幣の実像だと考えるのが妥当であろう。

[28] 平成25年度に一般会計へ繰入れられた貨幣回収準備資金は533億円であった（平成25年度一般会計財務書類）。平成26年度に日本銀行が国庫へ納付した利益は7,567億円であった（日本銀行，第130回事業年度（平成26年度）決算等について）。長澤訳（2001, p.267）に「一九二一年中の合衆国への金の正味の輸入は，約六億六〇〇〇万ドルに上った。その受取額が準備銀行に払い込まれ，そしてそれは主として，加盟銀行の負債を返済するために用いられていた結果，一九二二年の春には，準備銀行は，その利子生み資産が，その経費と配当必要額とを満たすはずの額よりも低い水準に，下がりつつあるのを知った」とある。政府紙幣の発行は日本銀行の国有化および金融政策の無効化とほぼ同義である。

[29] ロイター2015年1月5日のコラム『「日本は先進国初のヘリコプター・マネー」発動か』に，元英国FSA長官アデール・ターナー氏が「日銀の保有国債をゼロクーポン永久債へと転換するアイデアを打ち出した」と記されている。Turner（2013）も参照。

の損失を日本銀行はこうむります。日本銀行が中央政府へ納付している利益8,000億円も見込めなくなります[28]。

政府紙幣の発行は，見かけ上の国債残高を増やさない点で心理的な安心感があるかもしれませんが，日本銀行の損失を長く放置することはできません。どこかで政府紙幣を回収することになりますが，回収資金を税収でまかなえなければ，国債を増発せざるを得なくなります[29]。財政の持続可能性は，「誰が国債を保有するか」ではなく，「誰が国債の利払いをするか」という問題です。

現行制度を無視して中世の王様のごとくヘリコプターマネーを投じても，その購買力はいかほどでしょうか。複式簿記が貫徹する世界にFree Lunchはありません。経済成長と社会保障の適正化というとてつもなく重い両輪を少しずつ前に進めるほか「出口」に辿り着く術はないようです[30]。

さいごに，ケインズの『貨幣論』から引用します。「中央銀行に対して債券を買い入れる義務を課し，その価格が，中央銀行によって長期的な規準と考えられている高さをはるかに超えるようになるまで，それを実行させるのでないかぎり，長期利子の市場利率と自然利率とを相互に均等にさせることが，いったいどのようにして可能かという疑問がもたれるのは当然であろう。しかしながら，このこと〔すなわち中央銀行にそのような義務を課すということ〕は，もしこの長期的な規準についての，その直感的な考えが正しかった場合には，やがて後になって，この買入れを売却に逆転させなければならないときに，それが大きな財務上の損失を表わすことになることを，意味しているであろう」[31]

ここから先は，「海図なき航海」[32] です。

---

30) 現日本銀行法の下では，日本銀行が保有する資産はマネーの価値を裏付けない。ただし，ハイパワードマネーを吸収するとき，金融機関に「売却」する資産の質が問題となる。金融機関が資産の「購入」をためらえば，ハイパワードマネーを吸収することが難しくなる。旧日本銀行法29条から36条，現日本銀行法46条から49条，日本銀行法施行令15条，日本銀行，日本銀行法第53条第2項に基づく認可申請について，会計検査院，平成26年度決算検査報告，第4章第3節第4 量的・質的金融緩和の導入及びその拡大の日本銀行の財務への影響についてを参照。
31) 長澤訳（2001, p.391）から引用。
32) 速水（2002）から引用。国際金融の規制のゆらぎが政策運営の難度を高めている。私情に囚われる実務家，モデルに耽溺する経済学者，知識に乏しい大衆は，いつか現実の重みに耐えられなくなるであろう。その後どうなるかは歴史が教えている。

補 論　通貨発行益

　通貨発行益について短く説明します。マネーは日本銀行の負債に計上され，マネーを供給するときに買い入れたモノは日本銀行の資産に計上されます。負債に計上される銀行券と日銀当座預金はほぼ無利子であり，資産に計上される日本国債や貸出金は有利子です。通貨を発行する日本銀行の利益は，無利子の負債の見合いに有利子の資産を持つことから生じます。

　マネーの発行量が増えるにしたがい，日本銀行の利益は増える傾向にあります。日本銀行がマネーをどれだけ発行できるかは，金融機関がどれだけの日銀当座預金を保有したいと思うか，私たち，企業，地方公共団体などがどれだけの現金通貨を保有したいと思うかによります[33]。

　有利子の資産を手放して日銀当座預金や現金通貨を保有するのは，これらが支払いを済ませる力と富を保存する力を持つためです[34]。この力の評価額を流動性プレミアムといいます[35]。マネーを保有するために手放す資産につく利子が流動性プレミアムを表すのであれば，次式が成り立ちます。

通貨発行益 ＝ 日本銀行の利益 ＝ 流動性プレミアム

　金融機関，私たち，企業，地方公共団体が安心してマネーを持ち，日本銀行が最大の利益を得るとき，通貨発行益は最大になります。金融機関，私たち，企業，地方公共団体がマネーを持ちたがらず，日本銀行が利益を得られないとき，通貨発行益は0になります。日本銀行が通貨の番人であるのは，通貨発行益を最大にするためです。

---

33) 長澤訳（2001, p.71）に「現代の銀行制度の〔集中的〕中央金属準備の大部分は，いまでもなお，一般には，〔その資金を〕公衆の手許にある活動的な銀行券発行〔残高〕によって，提供されているといえるのであるが，しかし静かな発展の趨勢は，政府が銀行券発行を歳入の正当な源泉と見做す方向にあり，そして加盟銀行が，〔集中的〕中央準備の維持のためにその〔資金の〕割当分を提供するように要求される」とある。中央銀行の資産利回りが0になっても負債の利回りをマイナスにすれば通貨発行益が得られるかもしれない。間宮訳（2009）の第23章，Hannoun（2015）を参照。

34) 小泉・長澤訳（2001, p.3）に「貨幣それ自体は，債務契約および価格契約がその引渡しによって履行され，貯蓄された一般的購買力がその形をとって保持されるものであって，その特質はその計算貨幣との関連に由来する」とある。

35) 長澤訳（2001, p.70）に「銀行に対して，手許現金および手形交換尻決済のための厳密な必要額以上の準備の保有を要求する慣習は，中央銀行の通貨維持のために蒙る費用を，銀行に拠出させるための手段である」とある。

参考文献

- 株式会社大阪取引所『国債先物・オプション取引市場の歩み（2005年～2015年）』2015年。
- 黒崎哲夫・熊野雄介・岡部恒多・長野哲平『国債市場の流動性：取引データによる検証』日本銀行ワーキングペーパーシリーズ，15-J-2，2015年。
- 黒田東彦『量的・質的金融緩和―読売国際経済懇話会における講演―』2013年。
- 齋藤雅士・法眼吉彦・西口周作『日本銀行の国債買入れに伴うポートフォリオ・リバランス：資金循環統計を用いた事実整理』日銀レビュー，2014-J-4，2014年。
- 土川顕・西崎健司・八木智之『国債市場の流動性に関連する諸指標』日銀レビュー，2013-J-6，2013年。
- 戸原四郎『ドイツ資本主義 戦間期の研究』桜井書店，2006年。
- 日本銀行企画局『「成長基盤強化を支援するための資金供給」について』日銀レビュー，2010-J-13，2010年。
- 日本銀行企画局『「量的・質的金融緩和」：2年間の効果の検証』日銀レビュー，2015-J-8，2015年。
- 日本銀行金融市場局『2008年度の金融市場調節』日本銀行調査論文，2009年。
- 日本銀行金融市場局『2013年度の金融市場調節』日本銀行調査論文，2014年。
- 日本銀行金融市場局『2014年度の金融市場調節』日本銀行調査論文，2015年。
- 速水優『第10回国際コンファランス―「21世紀の国際通貨制度」―開会挨拶』金融研究，21，4，33-34，2002年。
- 吉野直行・前田実・南部一雄・小巻泰之・坂山奇右『新種預金の導入と預金準備率』フィナンシャル・レビュー，26，1993年。
- Keynes, John Maynard著，小泉明・長澤惟恭訳『貨幣論Ⅰ 貨幣の純粋理論』ケインズ全集第5巻，東洋経済新報社，2001年。
- Keynes, John Maynard著，長澤惟恭訳『貨幣論Ⅱ 貨幣の応用理論』ケインズ全集第6巻，東洋経済新報社，2001年。
- Keynes, John Maynard著，間宮陽介訳『雇用，利子および貨幣の一般理論』下巻，岩波書店，2009年。
- Dornbusch, Rudiger, Federico Sturzenegger, and Holger Wolf, 1990, Extreme Inflation: Dynamics and Stabilization, Brookings Papers on Economic Activity, 2, 1-84.
- Hannoun, Hervé, 2015, Ultra-Low or Negative Interest Rates: What They Mean for Financial Stability and Growth, Bank for International Settlements.
- Turner, Adair, 2013, Debt, Money and Mephistopheles: How Do We Get out of This Mess?, Speech at the Cass Business School, City University.

Reading List

- 岩田一政・日本経済研究センター編『量的・質的金融緩和 政策の効果とリスクを検証する』日本経済新聞出版社，2014年。
- 大久保和正『政府紙幣発行の財政金融上の位置づけ―実務的観点からの考察―』PRI Discussion Paper Series, 04A-06，2004年。
- 小栗誠治『政府紙幣の本質について 中央銀行券との比較を中心に』彦根論叢，390, 118-133，2011年。
- 加藤出『日銀，「出口」なし！異次元緩和の次に来る危機』朝日選書，2014年。
- 鈴木克洋『量的・質的金融緩和の波及経路の整理～異次元緩和の効果とリスク～』経済のプリズム，117, 1-24，2013年。
- 鈴木克洋『異次元緩和の効果と出口の課題～日銀のバランスシートを用いた整理～』経済のプリズム，129, 13-24，2014年。
- 竹田陽介・矢嶋康次『非伝統的金融政策の経済分析 資産価格から見た効果の検証』日本経済新聞出版社，

・建部正義『国債問題と内生的貨幣供給理論』中央大学商学論纂，55, 3, 597-622, 2014年。
・日本銀行『ボルカー・ルール（案）に関する米国当局宛のレターについて』2012年。
・日本銀行『引当金制度に関する検討要請について』2015年。
・野口旭『世界は危機を克服する：ケインズ主義2.0』東洋経済新報社，2015年。
・畑瀬真理子『最近のドル化（dollarization）・ユーロ化（euroization）を巡る議論について』日本銀行海外事務所ワーキングペーパーシリーズ，01-2, 2001年。
・福永一郎・加藤直也『量的・質的金融緩和と長期金利：国債の「純供給」残高と満期構成を通じた効果』日本銀行リサーチ・ラボ，15-J-7, 2015年。
・古市峰子・森毅『中央銀行の財務報告の目的・意義と会計処理をめぐる論点』金融研究，24, 2, 111-162, 2005年。
・UFJ総合研究所『景気対策を目的とした政府貨幣増発の帰結』調査レポート，2003年。
・Basel Committee on Banking Supervision, 2015, Second Consultive Document, Standards, Revisions to the Standardized Approach for Credit Risk, Bank for International Settlements.
・Berg, Andrew, and Eduardo Borensztein, 2000, The Pros and Cons of Full Dollarization, IMF Working Paper, 00-50.
・Dyson, Ben, ed., Jackson, Andrew, 2013, Soverign Money: Paving the Way for a Sustainable Recovery, Positive Money.
・Joyce, Michael, David Miles, Andrew Scott, and Dimitri Vayanos, 2012, Quantitative Easing and Unconventional Monetary Policy — An Introduction, Economic Journal, 122, 564, F271-F288.
・Mwase, Nkunde, and Francis Y. Kumah, 2015, Revisiting the Concept of Dollarization: The Global Financial Crisis and Dollarization in Low-Income Countries, IMF Working Paper, 15-12.

第2部

証　券

第 8 章

株式会社

　第 2 部では株式，社債，電子CPの発行と決済について考察します。本章では，その準備として，これらの証券を発行する株式会社について説明します。

1　法　律

　第 2 部では法律を多く参照しますので，まず法律について考えます[1]。法律の役割を理解するために，法律がない社会を想像してみましょう。法律がない社会では，権力，武力，財力，家柄などに優れた強者がほしいままに振る舞いがちです。また，強者でない人たちも，互いにだましたり出し抜いたりするかもしれません。こうしたことが横行するのは生活しづらい社会です。

図表 8 － 1　法律がない社会

　安心して生活できる国にするために，権利と義務を制度化したものを法律といいます。法律は国民の代表が集う国会で議論され，定められます。国会で法律を定めることで，法律が強者の論理に陥るのを防ぎ，法の下の平等が担保されます。強者でない人たちにも，「私たちの代表が作った法律だから従おう」という遵法精神が生まれます。

　法律は系統ごとに枝分かれしています。おおもとの法律を一般法，枝分かれした法律を特別法といいます。特別法は，特定の状況における権利と義務を定めたものですので，一般法に優先します。民法を一般法，会社法を特別法とみると，会社に関する権利と義務については会社法を優先して適用します。

---

1) 本書では例外規定等に深入りせず，経済学の立場から法律と会計の知識を用いる。

2 会　社

　会社法にもとづいて設立される法人を会社といいます[2]。会社とは，営利を目的とする社団法人です[3]。会社を理解するには，営利，社団，法人という3つの用語の意味を知る必要があります。

　営利とは会社法5条に定める商行為のことです。商行為は，図表8－2のように，出資，商い，利益の分配からなります。出資とは会社に資金を提供することです。資金を提供した人は出資者としての地位を得ます。商いとは利益を求めて対外的な営業をすることです[4]。この営業は一度きりでなく，継続的・反復的な営みでなければなりません。昔の言葉に「商いは飽きない」とあるように，続けていくものが会社です。これを継続企業の前提（Going Concern）といいます。利益の分配とは出資者としての地位を得ている人に商いから得た利益を還元することです。会社は，出資者に利益を分配することを最終的な目的として設立されます。

図表8－2　営　利

　社団とは社員のあつまりです。会社法で社員とは，従業員ではなく，出資者を意味します。したがって，社団とは出資者のあつまりです[5]。会社は商いをするとき，仕入先からモノを買ったり，販売先にモノを売ったり，銀行から資金を借りたりと，さまざまな契約を結びます。会社が単に出資者のあつまりであれば，これらの利害関係者は出資者の誰と契約を結べばよいか，わかりづらくなります。また，契約を結んだ出資者が契約の途中でいなくなると，誰が契約を履行するのかあいまいになります。権利と義務があいまいなままでは，商いを営むのが難しくなります。

---

2) 会社法1条に「会社の設立，組織，運営及び管理については，他の法律に特別の定めがある場合を除くほか，この法律の定めるところによる」とある。森訳（2014, p.3）に，株式会社制度の「研究は，国家の帰趨と個々人の生活にたいするこの制度の影響が間違いなく甚大だということ，それがこの制度のもとで生活するほとんどの人の行動の大きな部分を決定しさえすることを，念頭において行われる」とある。
3) 旧商法52条を参照。
4) 神田（2010, p.6）を参照。
5) 会社法では従業員のことを支配人，使用人と表記する。会社法10条から15条を参照。

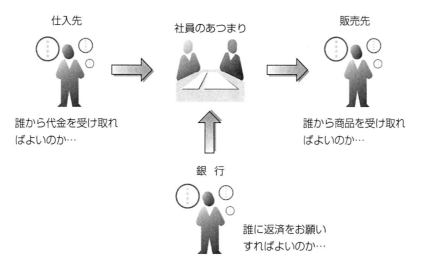

図表8－3　社　団

　この問題を解消するために，会社法は会社が権利と義務の主体になれるようにしました。人のあつまりである社団があたかも人であるように振舞うので，これを法人といいます。会社が法人であることで，会社の名義でモノを買ったり，売ったり，所有したりすることができます。会社の利害関係者は，契約の相手方がはっきりしますので，会社と商いがしやすくなります。

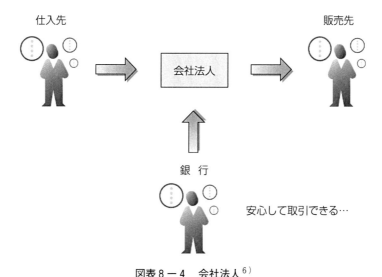

図表8－4　会社法人[6]

---

6) 会社法3条を参照して作成。森訳（2014, pp.114-115）に「国家が付与する真の特権は，法人格（corporate entity）の権利である。すなわち会社自体の名前で事業を維持する権利，個々人に関係なく会社自身のために訴えあるいは訴えられる権利，また無期限の持続性を有する―構成員が変わっても会社の実体が続いていく―権利である」とある。

会社は持分会社と株式会社に大別されます[7]。まず持分会社について説明します。持分会社には，合名会社，合資会社，合同会社があります[8]。ここでは，出資者の責任に注目してこれらの会社をみます。

合名会社は出資者の全員が無限責任を負う会社です。無限責任とは，会社の経営状態が悪くなり，会社の財産で会社の債務を返済できなくなったときに，その全額を返済する責任です。合名会社の社員全員は，この重い責任を連帯して負います。合資会社は出資者の一部が無限責任を負う会社です。無限責任社員でない出資者は有限責任を負います。有限責任とは，会社の経営状態が悪くなったとき，出資額の範囲で会社の債務を返済する責任です。100万円を出資した有限責任社員は，最大で出資した100万円を失うおそれがあります。誰が無限責任社員となり，誰が有限責任社員となるかは会社を設立するときに決めます。合資会社の社員は，無限責任社員と有限責任社員からなりますので，2人以上でなければなりません。合同会社は出資者の全員が有限責任を負う会社です。合同会社に無限責任社員はいません。

合名会社と合資会社には無限責任社員がいますので，出資を募るのは容易でありません。鉄の結束を誇る同族企業や老舗などにみられる会社形態です。戦前の財閥中枢にあった三井合名，三菱合資は前者の例であり，味噌や醤油の老舗は後者の例です。合同会社には，出資額によらず社員一人が1つの議決権を持つ持分会社の特徴をいかした会社がみられます。大企業が共同出資して会社を設立するとき，出資額の多寡で発言力の大きさが決まると，出資額の調整に手間取ります。大学の研究成果にファンドが出資して会社を設立するとき，出資額の多寡で発言力の大きさが決まると，アイデアを持つ研究者の意見が通りにくくなります。このような場合に合同会社が設立されます[9]。

	社員の責任	例
合名会社	無限責任	味噌，醤油などの老舗
合資会社	無限責任，有限責任	
合同会社	有限責任	共同出資会社，ファンド出資会社

図表8－5　持分会社の種類[10]

---

7) 有限会社，相互会社，特殊会社等については本書の範囲を超えるため割愛する。
8) 会社法2条，会社法第2編と第3編を参照。
9) 会社法590条を参照。
10) 会社法576条と580条を参照して作成。

株式会社の特徴を，持分会社と比較する図表8－6を用いて説明します。まず，株式会社に出資して得る地位を株式，持分会社に出資して得る地位を持分といいます。出資して得る地位とは，会社の方針を決めたり，利益の分配を受けたりする立場を意味します。株式会社と持分会社の名称の違いは，出資して得る地位の名称の違いによります。

株式の持ち主である株主は，株式会社に対して有限責任を負います。株主の責任は出資額に限定されますので，株式会社は無限責任社員がいる合名会社や合資会社より出資しやすい会社形態です。

株式会社では，資本多数決で会社の方針を決めます。資本多数決とは，出資額に比例して持ち票が増える投票方式です。たとえば，1億円を出資した株主は100万円を出資した株主の100倍の票数を持って投票に臨みます。出資額が多い株主の意見が通りやすいしくみです。持分会社では，出資額によらず出資者一人に1票が与えられます。出資額の多寡がその会社に対する関わりの深さを表すと考えると，株式会社のしくみはドライであるものの合理的です。

株式会社には，貸借対照表など商いの結果を公告する義務があります。公告とは，法律にしたがって適切なときに，適切なところで，適切な情報を公にすることです。株式会社は多くの人が少額ずつ出資することを想定した会社形態ですので，商いの結果を公告することが重要です。持分会社には公告の義務がありません。これは，持分会社が経営に直接関わる少数の人が出資することを想定した会社形態であるためです。

	株式会社	持分会社
出資者の地位	株式	持分
出資者の責任	有限責任社員のみ	無限責任社員がいる
方針の決定	資本多数決	人的多数決
透明性	高い	低い

図表8－6　株式会社と持分会社[11]

---

11) 会社法104条，109条，308条，440条，580条，590条，618条を参照して作成。株式会社の株式は，出資額の多寡に応じて，均一に細分化された出資者の地位である。これを持分複数主義という。持分会社の持分は，出資額の多寡によらず，出資者各人に1つ与えられる出資者の地位である。これを持分単一主義という。

株主は有限責任社員であるが，中小規模の株式会社においては，大株主である代表取締役の自宅に根抵当が設定されることが多い。事実上の無限責任社員と考えられる。根抵当については民法398条の2を参照。合同会社の形態で大規模小売業を営む会社がある。公益性の高い商いを営む会社は，透明性の高い会社形態にすべきではないか。

図表8−7は会社の数を従業員規模別に表しています。会社総数175万社のうち，172万社は株式会社，有限会社，相互会社です。合名会社，合資会社，合同会社は3万社です。従業員規模別にみると，10人未満の会社が多いことがわかります。従業員10人未満の会社は129万社で，会社総数の73％を占めます。従業員5,000人以上の会社は524社で，会社総数の0.03％にすぎません。

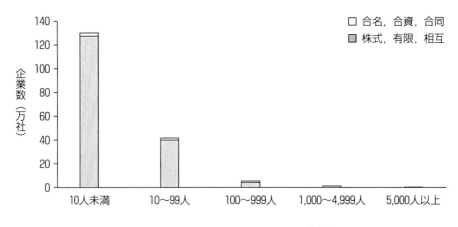

図表8−7　会社の数（従業員規模別）[12]

　図表8−8は会社の数を資本金別に表しています。資本金とは出資金の累計額です。図表をみると，資本金が300万円から500万円の会社と資本金が1,000万円から3,000万円の会社が多いことがわかります。これは，有限会社の最低資本金額が300万円であったことと，株式会社の最低資本金額が1,000万円であったことを反映しています[13]。資本金が10億円以上の会社は5,919社であり，会社総数の0.34％です。

　資本金300万円未満の会社には，営業を休止している会社が含まれていると考えられます。俗にダミー会社，幽霊会社，ペーパーカンパニーなどといわれる休眠会社が放置されると，乗っ取りやなりすましによって犯罪に悪用されるおそれがあります。悪用を未然に防ぐために，会社法は472条に「みなし解散」の規定を設けています。最後の登記から5年を経過した会社は活動実態がないものとみなし，一定の手続きを経て解散させています[14]。

---

12) 総務省統計局，経済センサスからデータを取得し作成。
13) 会社法が施行され，最低資本金の規制は撤廃された。旧商法168条の4，旧有限会社法9条を参照。
14) 法務省，休眠会社・休眠一般法人の整理作業の実施についてを参照。日本経済新聞2014年12月24日のウェブ版は，法務省が通知した8万8,000社のうち宛先不明となった6万社ほどをみなし解散させる見込みだと伝えている。今後は毎年度手続きをするようである。

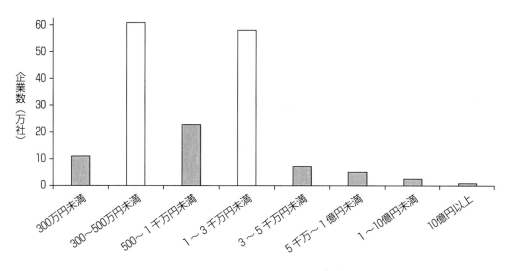

図表 8 − 8　会社の数（資本金別）[15]

　図表 8 − 9 は会社の数を決算月別に表しています。3 月決算の会社は34万社と会社総数の19％を占めています。

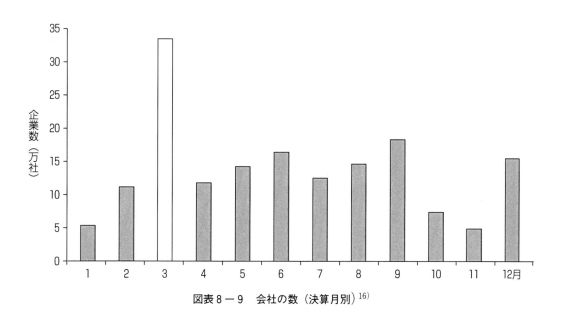

図表 8 − 9　会社の数（決算月別）[16]

---

15) 総務省統計局，経済センサスからデータを取得し作成。資本金不詳の会社を除いて表示した。財務省，法人企業統計は資本金10億円以上の会社を全数調査している。
16) 総務省統計局，経済センサスからデータを取得し作成。決算月が年 2 回ある会社と決算月不詳の会社を除いて表示した。

3 株式会社の設立

会社の大多数は株式会社であることがわかりました。設立される会社の大多数も株式会社ですので，株式会社の設立手続きをみることにします。株式会社設立の方法には発起設立と募集設立があります。発起設立は発起人だけが出資して株式会社を設立する方法であり，募集設立は発起人でない人も出資して株式会社を設立する方法です。ここでは，手順にまぎれが少ない発起設立について説明します。

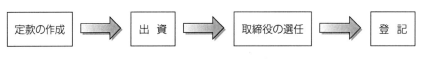

図表8－10　発起設立[17]

定款を作成して署名し，株式を引き受けて出資し，設立時の取締役を選任する人を発起人といいます。発起人は，定款に会社設立の目的，会社名，本店所在地，出資額，発起人の名前と住所，発行可能株式総数などを記します[18]。定款は公証役場で公証人の認証を得て効力を持ちます[19]。

定款が効力を得た後，発起人全員が同意した株数を各発起人が引き受けます。設立時に発行する株数は，定款に記した発行可能株式総数の4分の1以上でなければなりません。発行可能株式総数が4万株であれば，発起人は1万株以上を引き受けなければなりません。株式を引き受けた発起人は，定款に記された出資額を払い込みます。払い込みの時点で会社は成立していませんので，会社名義の預金口座はありません。したがって，あらかじめ定めた口座に，振込人が発起人であることがわかるように振り込みます。つづいて，設立時取締役を選任します。取締役は株主の意を受けて会社を運営する人ですので，発起人でなくても取締役になることができます。

---

17) 会社法25条から56条を参照して作成。募集設立については会社法57条から103条を参照。
18) これらを定款の絶対的記載事項という。他に相対的記載事項，任意的記載事項がある。本書で「名前」とは氏名または名称を，「記す」とは記載または記録を意味する。森訳（2014, p.115）に，定款には「株式の総発行数，会社の事業活動への直接管理を担う役員陣，そうした役員陣が誰によって選ばれいかなる条件のもとにおかれるかの規定，事業がいかに指揮され利潤がいかように分配されるかと，事業が解散に至ったときには資産をいかに処分するかの両方を定めた条項」が含まれる，とある。森訳（2014, p.123）も参照。
19) 公証人法62条の2を参照。

出資と設立時取締役の選任が済んだら会社を登記します。登記を終えると株式会社は法人格を取得し，発起人は株主となります[20]。会社成立後は速やかに会社名義の銀行口座を開いて出資金を入金します。

　資本金という表記から，会社は資本金を常に現預金で保有しなければならないように思えますが，その必要はありません。資本金は商いの元手として通信機器の契約を結んだり，社用車を購入したり，事務所を開いたりするのにつかえます。会社法に最低資本金の定めはありませんが，設立時に300万円くらいは出資すべきでしょう。

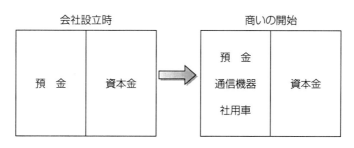

図表8－11　会社設立とバランスシート[21]

参考文献

・神田秀樹『法律学講座双書 会社法』第12版，弘文堂，2010年。
・田村雅俊・鈴木義則・佐藤昭雄編『勘定科目別仕訳処理ハンドブック』第17版，清文社，2013年。
・Berle, Adolf A., and Gardiner C. Means 著，森杲訳『現代株式会社と私有財産』北海道大学出版会，2014年。

Reading List

・江頭憲治郎・岩原紳作・神作裕之・藤田友敬編『会社法判例百選』別冊ジュリスト，No.180，2006年。
・神崎満治郎『5つの定款モデルで自由自在「合同会社」設立・運営のすべて』中央経済社，2015年。
・福田亘司『誰でもわかる モデル別会社設立マニュアル』TAC出版，2008年。
・三菱UFJリサーチ&コンサルティング編『会社法対応 会社設立と増資の手引』三菱UFJリサーチ&コンサルティング，2007年。

---

20) 商業登記法46条と47条を参照。
21) 会社計算規則21条，田村他編（2013, p.456），森訳（2014, p.138）の脚注1）を参照して作成。

第 9 章

株　主

　前章で株式会社の設立について学びました。本章では株式会社の出資者が得る権利について説明します。

❶ 株主の権利

　株式会社は出資，商い，利益の分配を制度化した組織です。出資者としての地位である株式を持つ人を株主といいます。株主は会社の所有者として商行為全般に関わります。

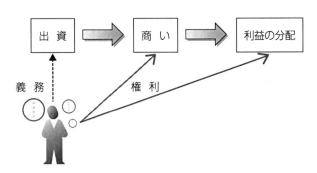

図表9－1　株主の義務と権利

　株主になるには株式会社に出資する必要があります。出資金は全額資本金に計上するのを原則としていますが，2分の1まで資本準備金に計上することもできます。実務上，資本金の額は変更しにくいこと，配当を出すときに積み立てる金額を節約できることなどから，出資金の2分の1を資本金に，残りの2分の1を資本準備金に計上することが多いようです。

図表9－2　出資金の計上[1]

---

1) 会社法32条，104条，445条，会社計算規則22条と24条を参照して作成。

株式会社の経営が悪化したとき，株主は出資額を失うおそれがあります。この責任を負うのと引き換えに，株主は会社の運営方針を決め，利益の分配を受ける権利を得ます。

図表9－3は株主の権利を表しています。株主個人が利益の分配を受ける権利を自益権といいます。自益権には剰余金配当請求権や残余財産分配請求権などがあります。剰余金配当請求権と残余財産分配請求権のいずれも与えないのは，違法とされています。株式会社の運営方針を決める権利を共益権といいます。共益権には議決権や違法行為の差止請求権などがあります。

自益権	株主個人のため	剰余金配当請求権 残余財産分配請求権 ほか
共益権	株式会社のため	議決権 違法行為の差止請求権 ほか

図表9－3　株主の権利[2]

2 自益権

自益権のうち，剰余金配当請求権について説明します。これは剰余金の一部を配当として株主が受け取る権利です。この権利を理解するには剰余金について知る必要があります。

剰余金とは，毎年度計上される利益のうち会社に貯め置かれたものです。毎年度の利益とは，株主に帰属する利益である当期純利益です。当期純利益は損益計算書に現れます[3]。次ページの図表9－4は会社の売上が利害関係者に分配されるようすを表しています。仕入れた商品を消費者へ売る小売業を例に説明します。売上は，商品の仕入代金を仕入業者へ払うためにつかわれます。仕入代金支払い後に残る金額を売上総利益といいます。売上総利益の一部は，販売に貢献した従業員の給与に充てられます。給与支払い後に残る金額を営業利益といいます。営業利益は，借入金の利息を払うためにつかわれます。利払い後に残った金額を税引前当期純利益といいます。税引前当期純利益がプラスであるときには，法人税を払う必要があります。税引前当期純利益から法人税を払った後に残る金額を当期

---

2) 会社法105条，360条，422条，神田（2010, p.65）の図表5を参照して作成。
3) 森訳（2014, pp.118-119）に「配当は，事業活動が生んだ剰余利潤からのみ，支払いが認められた」。「資本が，出資者にたいする小刻みな支払いで費消されることは不可能だった」とある。資本剰余金の配当については本書の範囲を超えるため割愛する。

純利益といいます。これが株主に帰属する利益です。経済学者にとって，損益計算書は売上が会社の利害関係者に分配されるようすを表す書類にみえます。

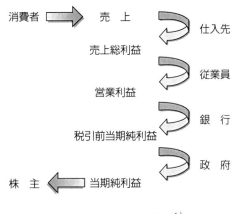

図表9－4　損益計算書[4]

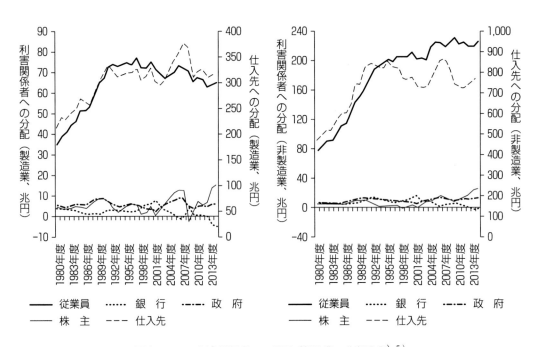

図表9－5　利害関係者への分配（製造業，非製造業）[5]

---

4) 会社計算規則87条から94条を参照して作成。実際の損益計算書は図表より複雑なことに留意する。森訳（2014, p.259）に「普通株主は会社の利潤のすべてにたいして参加することを期待している。だがそれは，利潤が分配されることが決まり実際に分配されたとき，そして先順位証券への必要な処遇がすんだ後の参加である」とある。

5) 財務省，法人企業統計からデータを取得し作成。非製造業は金融業を除いた計数である。

図表9－5は売上が会社の利害関係者に分配されるようすを表しています。製造業，非製造業とも，最も多く分配されているのは従業員であることがわかります[6]。銀行，政府，株主への分配はおおよそ同額ですが，2012年度以降株主への分配が増えています。近年銀行への分配がマイナスであるのは，会社が銀行へ返済する利息よりも，会社が証券投資などで得た利息などが多いためです。

　図表9－6は純資産の部を表しています。株主の出資金は，資本金と資本準備金に計上されます。当期純利益のうち，会社に貯め置かれる分は利益剰余金に計上されます。株主資本はこれらを含みます。株主資本に評価・換算差額等を加えたものを自己資本といい，自己資本に少数株主持分などを加えたものを純資産といいます。

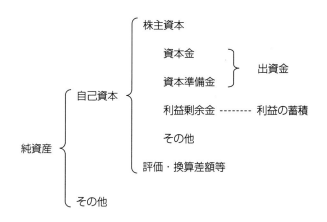

図表9－6　利益の蓄積[7]

　次ページの図表9－7は純資産の額を表しています。製造業の純資産額を表す左図をみると，額が最も多いのはその他であることがわかります。その他は資本剰余金，利益準備金，積立金の和です。資本金と資本準備金は2009年度から緩やかに減ってきています。利益剰余金は2000年代に入って増えてきています。非製造業の純資産額を表す右図をみると，資本金と資本準備金は2007年度に一時的な落ち込みが見られるものの，2008年度以降は増えてきています。利益剰余金は2006年度から増えてきています。

---

6) ある企業の仕入代金は他の企業の売上となり，仕入代金，従業員，銀行，政府，株主へ再分配されることに留意する。荒井（2005），岩瀬・佐藤（2014）を参照。図中の仕入先，従業員，銀行，政府，株主の区分は図表9－4に準ずる。
7) 会社計算規則76条，財務諸表等の用語，様式及び作成方法に関する規則59条から68条を参照して作成。実際の純資産は図表より複雑であることに留意する。

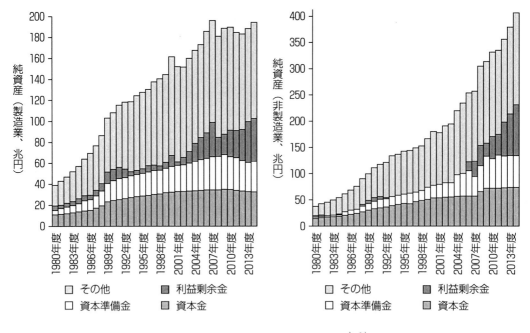

図表 9 − 7　純資産（製造業，非製造業）[8]

　剰余金配当請求権とは，利益剰余金の一部を払い出すことを請求する権利です。この請求にもとづいて株主が得る金額を配当といいます。どれだけの配当が払い出されたかは，株主資本等変動計算書に記されます。前期末の利益剰余金が1,000億円であったとしましょう。当期純利益が100億円，配当額が50億円であれば，当期末の利益剰余金は1,000億円−50億円＋100億円＝1,050億円となります。

前期末の利益剰余金	1,000億円
剰余金の配当	50億円
当期純利益	100億円
当期末の利益剰余金	1,050億円

図表 9 − 8　株主資本等変動計算書[9]

8）財務省，法人企業統計からデータを取得し作成。
9）会社計算規則96条を参照して説明に必要な部分のみ図表にした。分配可能額の算出については，本書の範囲を超えるため割愛する。

図表9－9は当期純利益と配当額を比べるためのものです。製造業のようすを表す左図をみると，多くの年で当期純利益が配当を上回っています。製造業の会社は当期純利益の一部を配当として払うことを基本政策にしているようです。この政策の結果，図表9－7の左図が示すように，利益剰余金は増えました。1990年代おわりから2000年代はじめにかけてと2000年代のおわりに，製造業の会社は当期純利益を超える配当を払い出しました。このようなときには利益剰余金が減ります。2010年度以降，当期純利益と配当の差が開いています。これは図表9－7の左図にみられる利益剰余金の増加と対応しています。非製造業のようすを表す右図は，製造業のようすを表す左図とほぼ同様ですが，非製造業のほうが当期純利益と配当の開きが大きいようです。結果として，図表9－7の右図が示すように，利益剰余金は近年目立って増えています。

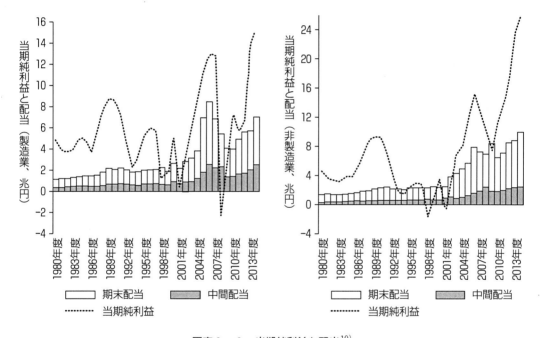

図表9－9　当期純利益と配当[10]

---

10) 財務省，法人企業統計からデータを取得し作成。森訳（2014, p.260）に「普通株主はもっとも弱い立場である。彼の期待は，普通株主の誰かが配当で何かの優遇を受けるようなことがあるなら彼を含めて全員がその恩恵に与らなければならないという事実，そしてもし経営陣が彼の信認にたいしてあまりに不誠実なときには決起して経営者を更送するとか法的手続きを踏んで状況を実質的に覆すこともありうるという事実に，細々と頼っている」とある。森訳（2014, p.242）に「ヘンリー・フォード氏が，会社全体の一般的な利益にかなうと信じた対象にいつか使おうと，巨額の剰余金の積立を主目的に配当抑止をしたときにも，下された裁判所の決定は配当の宣言要請だった。一般的にいって，配当が「不当に実施されないでいる」場合，裁判所は権力の行使を統御すべく介入してきた」とある。

❸ 共益権

　共益権のうち議決権について説明します。議決権とは，株式会社の最高決定機関である株主総会で議決に加わる権利です。株主総会では，配当額，取締役の選任，定款の変更など，会社の重要事項を決議します[11]。

　大変重要な会ですので，会社の経営陣は株主総会前に誰が議決権を持つのか確認しておきたいところですし，株主も会社が示す議案について考える時間がほしいところです。そこで会社法は基準日という制度を設けています。基準日について図表9－10を用いて説明します。3月に年度末を迎える上場会社は，年度末から3か月以内，すなわち6月末までに有価証券報告書を財務局へ提出する必要があります[12]。株主総会で議決権を行使できる株主は，権利行使日である株主総会開催日からさかのぼって3か月以内に設定される基準日に確定します。

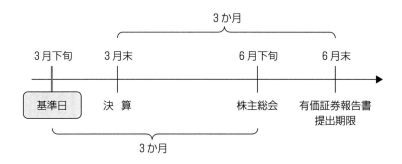

図表9－10　基準日（3月決算の上場会社）[13]

---

11) 森訳（2014, p.248）に「証券所有者の議決権は，その行為が彼ら証券所有者の全体に恩恵を及ぼすという想定を，少なくとも作り出す方向をとる。だがこの想定は明らかに，証拠―多数株所有者は会社全体あるいは他の証券保有者とは相容れない利害を有する小集団にすぎないという証拠―と，事実―こちらはそれほど明確でないにしろ他の集団とは相容れない利害の事実そのもの―との両方から，論駁される」とある。

12) 上場会社については本書第10章を参照。有価証券報告書と株主総会については企業内容等の開示に関する内閣府令17条，金融庁総務企画局（2015），田中（2007, 2015）を参照。

13) 会社法124条，295条から320条，438条，439条，441条，金融商品取引法24条を参照して作成。3月決算の会社は3月31日を基準日とすることが多いようである。基準日より前（権利付き最終売買日）に取引を約定しないと基準日までに株式を取得できないことに留意する。有価証券報告書を提出する必要のない監査役会非設置会社は期末後2か月以内に法人税の確定申告をする必要があるため，3月決算の会社は5月下旬に株主総会を開く。法人税法74条から77条を参照。

図表9－11は，3月が決算月である上場会社の株主総会開催予定日を表しています。3月が決算月である上場会社は2,363社ありました。そのうちの977社が6月26日の金曜日に総会を開く予定でした。開催日が重なると，複数の会社の総会に出席しづらくなりますので，可能な限り分散して開催することが望まれます。41％の会社が特定の日に株主総会を開く予定であったことを考えると，改善の余地がありそうです。また，休日など一般投資家が参加しやすい日に株主総会を開く会社が少ないことも目立ちます。株主総会を開く会社には負担となりますが，この点についてもなんらかの工夫が必要だと考えられます。

基準日の株主は，株主名簿に名前が記されます。近年は「モノ言う株主」が話題にのぼることもありますので，株式会社の経営陣は株主名簿の変化に注意を払っています。上場会社の株主名簿は，多くの場合，株主名簿管理人が管理しています[14]。取引先銀行グループの信託銀行などが株主名簿管理人に指定されています。

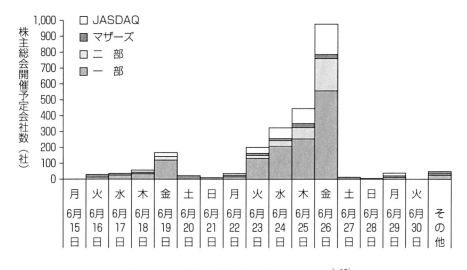

図表9－11　株主総会集中日（2015年3月期）[15]

株主総会では，議決権の過半数を持つ株主が出席し，出席者の議決権の過半数の賛成で決議されます。たとえば，次ページの図表9－12のように，一株1議決権の株式を4万株発行している会社において，株主総会の出席者の持ち株合計が2万株であるとしましょう。このとき，1万株分以上の賛成票が投じられると，議題は可決されます。

---

14) 会社法123条を参照。
15) 日本取引所グループ，上場会社情報，3月期決算会社株主総会からデータを取得し作成。3月期決算会社とは3月15日，3月20日，3月25日，3月31日に期末を迎える会社である。

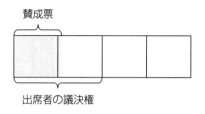

図表9－12　株主総会の普通決議[16]

　図表9－13は株式会社の所有と経営をまとめたものです。会社を所有するのは出資者である株主です。会社の方針は株主のあつまりである株主総会で決議されます。株主総会で選任された取締役は，取締役会を形成して業務を執行します。具体的には，対外的な業務執行の窓口となる代表取締役を選任したり，新株や社債の発行を決めたり，多額の借り入れを決めたりします。日常的な業務は支店に配属される支配人や事業所の使用人が行います。一定以上の規模を有する株式会社はこのように三層からなり，株主，取締役，支配人，使用人がそれぞれの役割を担っています。

所　有	株　主	株主総会
経　営	取締役	取締役会
日常業務	支配人，使用人	

図表9－13　所有と経営の分離[17]

---

16) 会社法309条を参照して作成。特別決議，特殊決議，種類株主総会の決議などについては本書の範囲を超えるため割愛する。大多数の個人投資家は持ち株数が少なく議決を左右する力に乏しい。森訳（2014, pp.6-7）に「証券所有者の大集団が，彼らあるいは彼以前の株主が企業に提供した富にたいして，事実上まったく支配力を行使しない人々によって構成されている」とある。

17) 会社法10条から20条，362条，369条を参照して作成。支配人と使用人は通常従業員といわれる立場の人である。森訳（2014, p.6）に「株式会社制度は，株式会社のこの私的あるいは「閉鎖的な」形状から，本質的に異なる半ば公的な会社形態に乗り移ったときにのみ，出現する。それは，所有者の累増を通じて所有権と支配とが大きく分離した株式会社である」とある。また，森訳（2014, p.201）に「取締役会はふつう，株主による，あるいは会社定款のもとで議決権を与えられた株主による選挙を通じて，職務にたいする法的な資格を与えられる」とある。

参考文献

- 荒井晴仁『国民経済計算と一次統計―法人企業統計の研究―』レファレンス, 4-15, 2005年。
- 岩瀬忠篤・佐藤真樹『法人企業統計から見る日本の内部留保（利益剰余金）と利益配分』ファイナンス, 86-95, 2014年。
- 神田秀樹『法律学講座双書 会社法』第12版, 弘文堂, 2010年。
- 金融庁総務企画局『企業内容等の開示に関する留意事項について（企業内容等開示ガイドライン）』2015年。
- 田中亘「定時株主総会はなぜ六月開催なのか」黒沼悦郎・藤田友敬編『江頭憲治郎先生還暦記念・企業法の理論（上）』商事法務, 415-497, 2007年。
- 田中亘『基準日と定時株主総会・配当支払日程に関する論点の整理』2015年。
- Berle, Adolf A., and Gardiner C. Means著, 森杲訳『現代株式会社と私有財産』北海道大学出版会, 2014年。

Reading List

- あらた監査法人編『会社法計算書類の実務―作成・開示の総合解説』第7版, 中央経済社, 2015年。
- 株式会社東京証券取引所『東証上場会社コーポレート・ガバナンス白書2015』2015年。
- 別冊商事法務編集部『株主総会日程〈平成28年版〉』商事法務, 2015年。

第10章

株　式

　前章では株主の権利について学びました。本章では上場会社が株式を発行して資金を調達する手順について説明します。

❶ 株式の譲渡

　銀行借り入れ30億円と出資金20億円だけで事業を営む会社があるとしましょう。貸借対照表上では，負債額は30億円，資本金は20億円です。この会社が損失を出すと，損失額だけ資産と資本金は減ります。損失が10億円であれば，資産と資本金が10億円ずつ減ります。資本金が減ることから，これを減資といいます。

　このとき，株主は出資した20億円のうち10億円を失います。しかし，30億円の貸出債権を持つ銀行には直接の影響が及びません。資本金は，債権者を守るクッションの役割を果たしています。

図表10－1　債権者保護のための資本金[1]

　債権者を保護する役割があるため，資本金は株主に返還されません。しかし，資本金を現金化する方法が全くないと，出資を募りにくくなり，株式会社を設立することが難しくなります。そこで，会社法は譲渡という株式の換金方法を用意しています。譲渡とは株式を売ることです[2]。

1）会社法447条から449条，太田（2007），田村他編（2013, pp.460-463）を参照して作成。森訳（2014, pp.260-266）も参照。
2）会社法127条，民法466条，467条，555条を参照。公開会社については会社法2条と327条を参照。株券電子化後の譲渡については本書第12章を参照。

株式を売るのはそれほど容易ではありません。日常的に購入している商品であれば、買い手に「どれくらいのものがいくらか」という相場観がありますが、多くの人にとって株式は日常的に買うものではなく、その値打ちを推し量ることが困難です。加えて、「売り手が信用できるか」「会社の経営実態はどうか」など疑心がよぎり、なかなか株式の購入に踏み切れません。株式を譲渡しやすくするには、こうした心配を減らし、株式の売り手と買い手が安心して出会える取引の場が必要です。この必要を満たすのが金融商品取引所です。

❷ 金融商品取引所

株式などの金融商品を売買する場を金融商品取引所といいます。図表10－2は日本の主な金融商品取引所を表しています。株式を取引する場には、日本取引所傘下の東京証券取引所、札幌証券取引所、名古屋証券取引所、福岡証券取引所があります。日本取引所傘下の大阪証券取引所では、派生証券の売買が行われています。

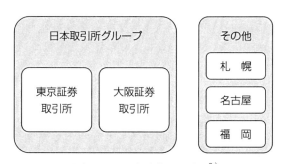

図表10－2　金融商品取引所[3]

これらの取引所で株式を売買できるようにすることを上場といいます。株式を上場している会社のことを上場会社といいます。金融商品取引所は、上場を希望する会社を審査します。申請会社が提出した数百ページに及ぶ上場申請書類に不備がないか確認します。また、会社に足を運んで面談し、会社が適切に運営されているか調べます。取引所の審査を通過した会社だけが上場を許されます。

---

[3] 金融商品取引法80条から83条の2を参照して作成。金融商品については金融商品取引法2条を参照。非上場会社の株式を売買するグリーンシートは平成30年3月末に廃止される。森訳（2014, pp.64-65）に「個々人の富は組織化された市場を通じていちじるしく流動化されることになった。富を所有する個人は、それを別な富の形態に即座に転換することができ、市場機構がよく働いていれば、余儀ない販売で深甚な損失をこうむるようなこともなしに、それができる」とある。森訳（2014）の第Ⅲ編第1章も参照。

上場後，会社は株主の多様性，時価総額，利益の額など，金融商品取引所が示す基準を満たさなければなりません。基準を満たせなくなった会社は，上場廃止となります。厳しい基準が設けられているため，投資家は安心して金融商品取引所で株式を売買することができます[4]。

　図表10－3は上場会社の数を市場別に表しています。一番右の地方3市場を除いた残りは，東京証券取引所の市場区分です。上場会社の97％は東京証券取引所に上場しています。東京証券取引所の市場区分には，大企業が上場している一部，規模はそれほど大きくないものの長い歴史を持つ会社が上場している二部，新興企業が上場しているマザーズとJASDAQなどがあります。これらのうち，上場会社数が最も多いのは俗に東証一部といわれる，東京証券取引所一部です。東証一部に上場するには，時価総額250億円以上，最近2年の経常利益合計が5億円超などの基準を満たさなければなりません。東証一部上場会社1,940社は，日本の株式会社の頂点に立つ，信頼性が最も高い会社です。

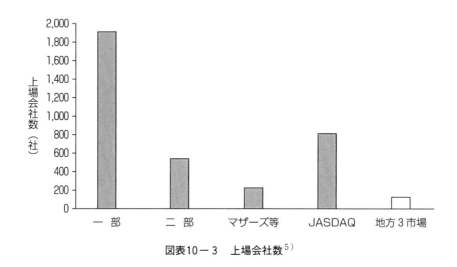

図表10－3　上場会社数[5]

4）上場審査については監査法人トーマツIPO支援室編（2007），東京証券取引所（2015）を，上場の形式基準については日本取引所グループ，上場審査基準を参照。自主規制法人については金融商品取引法84条と85条を参照。

5）日本取引所グループ，上場会社数，札幌証券取引所，上場会社一覧，名古屋証券取引所，上場会社数，福岡証券取引所，上場会社数からデータを取得し作成。マザーズ等とはマザーズとTokyo Pro Marketの和であり，地方3市場の上場会社数は単独上場会社数の和である。森訳（2014, p.8）に「開かれた証券市場の利用によって，これら株式会社のそれぞれが投資大衆に対する義務を負う。その義務のために株式会社は，少数の個人の規範を表現する法的手段であったものから，少なくとも名目上は企業に資金を提供した投資家に奉仕する社会制度へと転化する。所有者，労働者，消費者，国家にたいする新しい責任が，かくして会社支配者の双肩にかかってくる」とある。

日本の上場会社の大半は東京証券取引所に上場していますので，売買される株式の大多数も東京証券取引所上場会社の株式です。図表10－4の左図は上場株式の取引高を表しています。1980年代後半のバブル期に10億株であった取引高は，バブル崩壊後の1992年に3億株まで減りました。その後は2005年の23億株まで増え，2000年代後半に停滞した後，2013年の37億株へ急増しました。取引高を市場区分別にみると，一貫して東証一部が大半を占めていることがわかります。図表10－4の右図は上場会社株式の売買代金を表しています。1980年代後半のバブル期に1兆3,000億円規模であった売買代金は，バブル崩壊後に1992年の2,400億円まで減りました。その後は2007年の3兆703億円まで増えつづけ，一旦2012年の1兆2,536億円まで減りましたが，2013年に再び2兆8,381億円まで増えました。東京証券取引所の取引は，バブル最盛期の取引高の3倍，売買代金の2倍ほどになっています。

上場会社の株式は日々盛んに売買されているので，売りたいときに売ることができます。いつでも売れる市場があると，株式に投資しやすくなります。

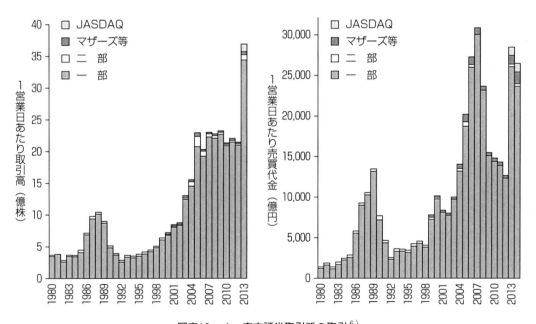

図表10－4　東京証券取引所の取引[6]

---

6) 日本取引所グループ，統計情報（株式関連），売買高・売買代金からデータを取得し作成。マザーズ等とはマザーズとTokyo Pro Marketの和である。上場株式には，1日の取引高が非常に少ないものもある。実際に取引する前に，取引高と売買代金の履歴を確認する必要がある。森訳（2014, p.261）に「経営者は蓄積された利潤をこのように企業内に留めおくことができ，後順位証券の所有者にたいしては，価値上昇を実現したければ公開市場に赴くしかないように仕向ける」とある。

3 募集株式の発行

株式会社は，定款に記した発行可能株式総数の4分の1以上を，設立時に発行しなければなりません。発行可能株式総数が4万株であれば，会社設立時に1万株以上を発行しなければなりません。この定めがあるのは，会社設立後に株式を大量に発行すると，設立時株主の権利が著しく損なわれるおそれがあるためです。

設立時に使わなかった発行枠の利用は，株主が選任する取締役の合議体，取締役会に委ねられます。これを授権資本制度といいます。株式の発行が取締役会に委ねられるのは，取締役会が決議した経営計画に沿って株式が発行されるためです。

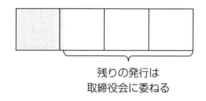

図表10－5　授権資本[7]

会社設立後に株式を発行して出資を募ることを募集株式の発行といいます[8]。募集株式の発行には，出資を募る投資家の範囲によって株主割当，公募，第三者割当があります。株主割当ではその会社の株主に出資を募ります。公募ではその会社の株主に加えて，株主ではない投資家一般にも出資を募ります。第三者割当では少数の投資家に出資を募ります。ここでは，上場会社による公募について考えます。

	募集対象
株主割当	既存株主
公募	既存株主と投資家
第三者割当	少数の投資家

図表10－6　募集株式の発行[9]

---

[7] 会社法37条，113条，199条から201条を参照して作成。森訳（2014, p.143）に「授権されているが未発行の株式は，取締役会の決定に基づいて会社役員によって合法的に売りに出される」とある。

[8] 自己株式の処分については本書の範囲を超えるため割愛する。

[9] 会社法202条，金融商品取引法2条を参照して作成。森訳（2014, p.61）に株式会社が「成長を続ける事業体であれば，公衆に向けて頻繁にかつ大量の資金調達の呼びかけをしなければならない」とある。森訳（2014）の第Ⅲ編第2章も参照。

図表10－7は公募の手順を表しています。以下，この順にブックビルディング方式による公募について説明します。

1	中期経営計画の策定
2	発行決議
3	証券会社による引受，販売

図表10－7　公募の手順

　会社は理由なく出資を募ることはありません。何かにつかうために出資を募ります。「何につかうか」は中期経営計画に示されています。中期経営計画とは，今後3年から5年のあいだに，どの事業を深め，どの分野に進出し，どのように業務の効率を高めるのかを示す会社の計画です。計画を進めるために出資を募る必要があるとき，会社は株式を発行します。株式を発行するとき，発行株数，発行価格，出資金の払い込み期間，出資額の計上のしかたなどの募集事項を取締役会で決議します。決議した募集事項は投資家に通知します[10]。

　募集事項のうち，注意を要するのは株式の発行価格です。上場会社の株式は日々取引され，時価がつきます。刻々と変化する時価に株式の発行価格を合わせるのは容易でありません。発行価格が時価から離れてしまうと，出資者と発行会社のいずれかが損をすることになります。

　次ページの図表10－8が示すように発行価格を1,000円に決めたとしましょう。もし，出資金の払い込みまでの間に株価が800円に下がれば，公募に応ずる投資家は，金融商品取引所で株式を買うのに比べて1株あたり200円高く買うことになります。これは投資家がこうむる損失です。出資金の払い込みまでの間に株価が1,200円に騰がれば，会社は時価に比べて200円安く株式を売ることになります。これは株式を発行しようとする株式会社がこうむる損失です。実務では，投資家と会社のいずれかが大きな損失を被らないように，株式の発行価格を定めず，発行価格の決め方を定める場合が多いようです[11]。

---

10) 通知，公告，有価証券届出書など周知するいくつかの方法がある。会社法201条，会社法施行規則40条，金融商品取引法4条と5条を参照。
11) 森訳（2014, pp.292-295）を参照。

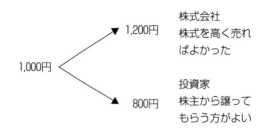

図表10－8　発行価格の決めづらさ

　公募では，その会社の株主と投資家に広く出資を募ります。したがって，発行した新株をすべて売り切ることができるか確信を持てないときがあります。また，不特定多数の人に情報を伝えて株式を発行し，出資金を間違いなく受け取るのは煩雑な作業です。煩雑な事務に追われて通常業務に支障が出ないように，会社は株式発行の事務を証券会社に任せています。証券会社は，株式の発行に関する情報を株主と投資家に知らせ，出資を募り，株式会社が発行する新株を買い受け，販売します。証券会社は，投資家から得る株式の売却代金と発行会社に払う出資金との差額を手数料として受け取ります。証券会社の引受業務は小売販売に似ています。

図表10－9　株式の引き受け[12]

　証券会社が引受業務で利益を得るには，引き受けた株式を投資家にいくらで販売できるか適切に見込まなければなりません。この作業をブックビルディングといいます。12万株のブックビルディングを表す図表10－10を例に説明します。募集事項に「発行株価等決定日の株価の０～10％引いた価格を仮条件とし，需要状況等を勘案した上で決定する」[13]とあるとき，証券会社は，株価の何％引きで出資するか投資家に予約を募ります。図表10－10のように，０～２％引きで株式を買いたい投資家が２万株分の購入予約をし，２～４％引きで株式を買いたい投資家が４万株分の購入予約をし，４～６％引きで株式を買

---

[12] 会社法203条から206条の２を参照して作成。図表は総額引き受けを表している。残額引き受けについては本書の範囲を超えるため割愛する。
[13] 株式会社鳥貴族,新株式発行及び株式売出しに関するお知らせ（平成27年６月22日）から引用。

いたい投資家が6万株分の購入予約をし，6〜8％引きで株式を買いたい投資家が4万株分の購入予約をし，8〜10％引きで株式を買いたい投資家が3万株分の購入予約をしたとしましょう。このとき，発行価格を株価の6％引きに設定すれば，引き受ける12万株をすべて売ることができます。時価の6％引きよりも大きな割引率で会社から株式を引き受けることができれば，証券会社は利益を得ることができます[14]。

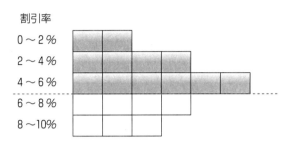

図表10−10　ブックビルディング[15]

株式の割り当てを受けることになった投資家，この例では割引率を6％以下に設定した投資家，は払込期日までに証券会社の口座へ購入代金を振り込みます。期日までに出資を履行して株式を取得すると株主になります。株主の名前，住所，持ち株数，取得日などは株主名簿に記されます。多くの場合，会社が主に利用している銀行グループの信託銀行が株主名簿管理人に指定され，株主名簿の書き換え業務を行います。

図表10−11は公募に関わる人や組織をまとめたものです。会社が発行する株式を引き受ける証券会社を引受人といいます。証券会社は引き受けた株式を投資家へ販売します。出資した投資家は株主名簿管理人へ連絡して，名前を株主名簿に記してもらいます。

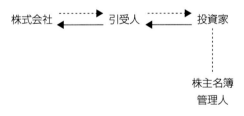

図表10−11　公募の見取り図[16]

---

14) 引き受けと販売のディスカウント率が逆ザヤになると，証券会社は損失を被る。このため引受業務をする証券会社に資本金等の規制を課している。金融商品取引法28条を参照。
15) 日本証券業協会，有価証券の引受け等に関する規則，日本証券業協会，「有価証券の引受け等に関する規則」に関する細則を参照して作成。1ブロックは1万株を表す。
16) 証券保管振替機構の役割については本書第12章を参照。

公募で出資金を得ると，会社の資本金は増えます。募集株式を発行すると資本金が増えることから，募集株式の発行を増資ともいいます。図表10−12は増資をして資本金が増えるようすを表しています。増資をして得た資金で何を買い，何をするかで株式会社の未来が形作られます。

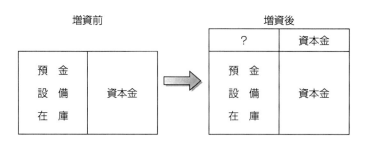

図表10−12　募集株式の発行[17]

図表10−13は上場会社の増資を表しています。増資額を表す左図をみると，調達額が最も多いのは公募であり，つづいて第三者割当であることがわかります。株主割当による調達額はごくわずかです。2009年に公募増資が前年に比べて急増していますが，これはリーマンショックで毀損した自己資本を増強するために，メガバンクや家電メーカーが増資をしたことを反映しています。

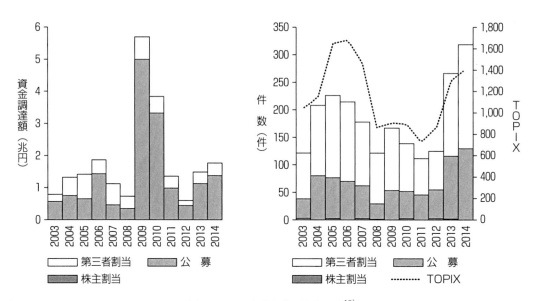

図表10−13　上場企業の資金調達[18]

17）会社法445条，田村他編（2013, p.457）を参照して作成。
18）東京証券取引所，上場会社資金調達額からデータを取得し作成。株主割当の計数は微少である。

増資件数を表す図表10−13の右図をみると，第三者割当増資の件数が多いことに気づきます。1件あたりの増資額は第三者割当が82億円であるのに対して，公募は253億円です。これは，第三者割当増資が数人から十数人の投資家に出資を募ることが多いのに対して，公募が不特定多数の投資家に出資を募ることによります。

　増資件数は株価とともに増減しているようです。図表10−13の右図に示す点線は，TOPIXという東京証券取引所の株価指数を表しています。株価指数が高いとき増資件数は多く，株価指数が低いとき増資件数は少ない傾向にあります。これは同額の出資を募るとき，株価が高いと発行株数を少なくできることによります。100億円の出資を募ることを例に考えましょう。図表10−14のように，発行株価が1万円であるとき発行株式数は100万株ですが，発行株価が8,000円になると発行すべき株式数は125万株に増えます。発行株価が2,000円下がると，100億円を調達するために発行すべき株数は25万株も増えてしまいます。

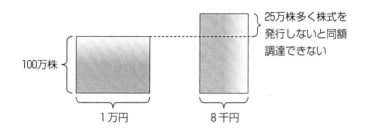

図表10−14　株価と増資

　株数が増えると既存株主の権利は薄まります。次ページの図表10−15のように，発行済株式総数の25％にあたる株数を会社が発行し，そのすべてを投資家Eが購入したとしましょう。新株発行後，既存株主A，B，C，Dの持ち株比率は25％から20％へ下がります。持ち株比率が5％ptも下がると，株主総会での発言力は目立って低下します。このため，株価が低いときに大量の新株を発行する公募増資を既存株主は好みません。おなじ理由から，新株を少数の投資家に割り当てる第三者割当増資も既存株主は好みません。

　増資件数が株価と連動しているようにみえるのは，会社がこのような既存株主の意向を汲んでいるためだと考えられます。増資をするさいには，既存株主の利害と出資をして株主になろうとする投資家の利害を調和させなければなりません[19]。

---

19) 森訳（2014, p.240）に「無額面株式は，払込み価格が既存の株主持分を適切に守る性格を伴うようなものでなければならない」とある。森訳（2014, pp.230-241）も参照。

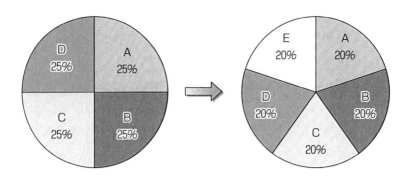

図表10−15　増資による希薄化[20]

参考文献

・太田達也『「増資・減資の実務」完全解説 法律・会計・税務のすべて』改訂増補版，税務研究会出版局，2007年。
・監査法人トーマツIPO支援室編『株式上場ハンドブック』中央経済社，2007年。
・田村雅俊・鈴木義則・佐藤昭雄編『勘定科目別仕訳処理ハンドブック』第17版，清文社，2013年。
・東京証券取引所『新規上場ガイドブック2015 市場第一部・第二部編』2015年。
・Berle, Adolf A., and Gardiner C. Means著，森杲訳『現代株式会社と私有財産』北海道大学出版会，2014年。

Reading List

・神田秀樹・山下友信『金融商品取引法概説』有斐閣，2010年。
・森田章『上場会社法入門』第2版，有斐閣，2010年。

---

20) 森訳（2014, p.130）に「すべての株式保有者が，持株に応じて支配あるいは議決権の比例的権利を有し，したがって会社の資産（剰余部分を含むこともある）にたいしても比例的権利を有する」とある。

第11章

社債と電子CP

前章では株式を発行して出資を募る手順について学びました。本章では，社債や電子CPを発行して資金を調達する手順について説明します。

❶ 社 債

会社が発行する債券を社債，あるいは社債券といいます。「債」には借り，借財，借金などの意味があります。社債券とは，まとまった資金を借り入れるときに会社が発行する券のことです。

図表11－1は社債券のイメージ図です。上段にある大きな部分は額面です。額面とは，借り入れの期間が終了したときに会社が返済する金額を記したものです。額面はまた，投資家が社債を買うときに払う金額の目安にもなります。社債の多くは額面が1億円であるため，多額の資金を運用する年金基金，生命保険，投資信託などのファンドが購入してきました。近年は，個人向けに額面価格100万円の社債が発行されるようになり，私たちにも身近な投資対象になってきています。

下段に8つある小さな部分は利札（クーポン）です。利札とは，社債の投資家へ定期的に払われる利息を記したものです。投資家は，一定期間ごとに利札を1つ切り抜き，証券会社に郵送して利息を得ていました。日本国は半年ごとに利息を払う慣行ですので，利札が8つ付いているこの社債券は4年満期ということになります。

XX株式会社　社債券			
利札	利札	利札	利札
利札	利札	利札	利札

図表11－1　社債券[1]

1）金融商品取引法2条，会社法676条，会社法696条から701条を参照して作成。持分会社も社債を発行することができる。株式，社債，電子CPを含む証券の多くは電子化されているため，図表のような券面を目にすることはない。社債券の電子化については本書第12章を参

図表11-2は社債発行の手順を表しています。以下，上場会社が個人向けに普通社債を発行することを例に説明します。

1	中期経営計画の策定
2	格付けの取得
3	発行決議
4	証券会社による引受，販売

図表11-2　社債発行の手順[2]

社債は会社の中期経営計画にもとづいて発行されます。個人向け社債は，鉄道会社が複々線化をする資金を調達したり，スーパーが新規出店の資金を調達したりするときなど，私たちの生活に密着した事業の資金を調達するために発行されることが多いようです。

社債発行の手続きに入る前に，格付けを取得します。格付けとは，社債の額面と利息が払われる見込みを第三者機関がランク付けしたものです。「AAA（トリプルエー）」とか「A＋（シングルエー・プラス）」という表記を目にしたことがあるのではないでしょうか。これらは格付機関が付けたランクです。社債を発行する会社が払う利息の額は，ランクによって変わります。格付けが高い会社は支払い利息が少なく，格付けが低い会社は支払い利息が多くなります。

日本国では格付投資情報センター，日本格付研究所，Moody's，S&P，Fitchの5機関が適格格付機関に指定されています。これらの機関はそれぞれ独自のランク表を持ちますが，金融庁はそれらを国際決済銀行が定めたランク表に読み替えています。

図表11-3は社債のランク表とリスク・ウエイトを示したものです。表中のAAAは最も高い格付け，BB-は最も低い格付けです。格付けが高くなるにしたがい，社債が支払い不能に陥る見込みは小さくなり，社債の利率は低くなります。発行される個人向け社債のすべてを個人投資家が買う場合，格付けは社債の信頼性を表す目安の1つにすぎないのかもしれません。しかし，状況によっては，格付けが重要な意味を持つことがあります[3]。

　　照。森訳（2014，p.259）に「社債保有者は利札による定期的な支払いと，満期になったときの元本の支払いを期待している」とある。
2）社債発行の詳細は，有価証券の引受け等に関する規則，「有価証券の引受け等に関する規則」に関する細則，証券会社による発行登録制度の下での社債の引受審査に関するガイドライン，自主規制ハンドブック（いずれも日本証券業協会）を参照。個人向け社債については日本証券業協会，個人向け社債等の店頭気配値情報の発表等に関する規則2条を参照。
3）個人向け社債は主に個人に販売される社債であり，個人以外が購入してもよい。格付けがAA-からA＋へ低下すると，リスク・ウエイトは20％から50％へ上昇し，社債購入時に金融機関が積み増すべき資本は増加する。資本を積み増せなければ，金融機関は社債を購入できなくなる可能性がある。

格付け	リスク・ウエイト
AAA〜AA−	20%
A+〜A−	50%
BBB+〜BBB−	100%
BB+〜BB−	100%
BB− 未満	150%

図表11−3　国際決済銀行の格付け[4]

　社債を発行するとき，発行総額，各社債の金額，利率，償還期日などの事項を取締役会で決議します[5]。各社債の金額とは，額面のことです。個人向け社債は各社債の金額を100万円とすることが多いようです。

　個人向け社債を発行して多額の資金を調達するには，多くの個人投資家に社債を販売しなければなりません。煩雑な事務に追われて通常業務に支障が出ないように，会社は社債発行の事務を証券会社に任せています。証券会社は，社債の発行に関する情報を投資家に知らせ，社債を買い受け，販売します。証券会社は，引き受けた社債の額に応じて発行会社から引受手数料を受け取ります。

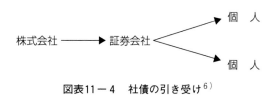

図表11−4　社債の引き受け[6]

　社債を発行するときも，投資家の需要を測るためにブックビルディングを行います。株式の場合，時価を基準とした割引率で投資家の需要を測りましたが，社債の場合，利率で投資家の需要を測ります。募集事項に「利率0.2%〜1.2%を仮条件とし，需要状況等を勘案した上で決定する」と記してあれば，証券会社は個人投資家に利率何%で社債を購入するかを聞きます。

4）Bank for International Settlements（2006），金融庁，バーゼルⅡにおいて利用可能な格付機関の選定について，金融庁，バーゼルⅡにおける適格格付機関の格付と告示上のリスク・ウエイトとの対応関係（マッピング）についてを参照して作成。日本格付研究所ウェブサイトによると，予備格付け取得に40〜60日，本格付け取得にさらに1週間を要する。
5）会社法362条と677条，会社法施行規則99条を参照。
6）金融商品取引法2条と36条の4を参照して作成。

会社が個人向け社債1万2,000口を発行することを例に考えましょう。図表11－5のように，利率0.2〜0.4％で社債を買いたい投資家が2,000口分の購入予約をし，0.4〜0.6％で社債を買いたい投資家が4,000口分の購入予約をし，0.6〜0.8％で社債を買いたい投資家が6,000口分の購入予約をし，0.8〜1.0％で社債を買いたい投資家が4,000口分の購入予約をし，1.0〜1.2％で社債を買いたい投資家が3,000口分の購入予約をしたとしましょう。このとき，利率を0.8％に設定すれば，証券会社は1万2,000口をすべて販売することができます。結果として，この社債の利率は0.8％となります。

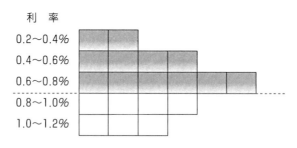

図表11－5　ブックビルディング[7]

　社債の割り当てを受けることになった投資家は，払込期日までに購入代金を証券会社の口座へ振り込みます。期日までに購入代金を払い，社債を取得すると社債権者になります。社債の種類，社債権者の名前と住所，持ち株数，取得日などは社債原簿に記されます。社債原簿は社債原簿管理人が管理します[8]。

　個人向け社債のように多くの社債権者が生じる社債を発行するとき，社債管理者を設置します。社債を発行した後，財務状況が悪化して発行時につけていた財務上の条件を満たせなくなり，会社が社債権者に担保を差し出すことがあります。このとき，社債管理者は社債権者に代わって差し出された担保を管理します。また，社債管理者は会社が支払不能に陥ったときに開かれる社債権者集会の円滑な運営を手助けします[9]。

　図表11－6は社債の発行に関わる人や組織をまとめたものです。会社が発行する社債を引き受ける証券会社を引受人といいます。証券会社は引き受けた社債を投資家へ販売します。証券会社から社債を購入した投資家は社債原簿に記されますが，それを管理する機関を社債原簿管理人といいます。社債管理者は，社債権者の代理人として振舞います。

---

7) 日本証券業協会，有価証券の引受け等に関する規則，日本証券業協会，「有価証券の引受け等に関する規則」に関する細則を参照して作成。1ブロックは1,000口を表す。
8) 振替口座簿については本書第12章を参照。
9) 社債権者集会の議決権の数は社債権者が保有する社債の額面金額に応じて決まる。会社法680条から682条，会社法702条から714条，会社法723条と724条を参照。

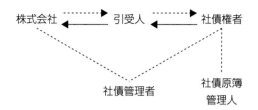

図表11－6　社債発行の見取り図

社債の発行が無事済んで資金を得ると，会社の負債は増えます。図表11－7は社債を発行して負債が増えるようすを表しています。社債を発行して得た資金で何を買い，何をするかで，会社の未来が形作られます。

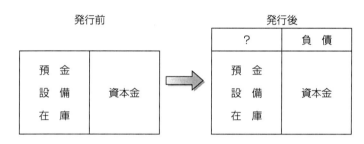

図表11－7　社債の発行

次ページの図表11－8は普通社債の発行を金額と銘柄数で表しています。毎年度の発行額は8兆円から10兆円であり，発行銘柄数は400から450であることがわかります。普通社債のうち個人向け社債の比率は，金額で2006年度の5％から2014年度の23％へ，銘柄数で2006年度の5％から2014年度の7％へ高まってきています。

個人向け社債が増えてきているのは，銀行預金の利率に満足できない個人投資家が多くいること，自己資本規制を受ける金融機関は低い格付けの社債に投資することが難しいこと，金融機関が劣後債を発行して自己資本を厚くするのに努めたことなどから説明されます[10]。

---

10) 住友信託銀行（2009）によれば，リーマンショック後にメガバンクは劣後債を発行した。国際決済銀行の自己資本規制は，残存期間5年以上の劣後債をTier 2として自己資本に準じて扱う。

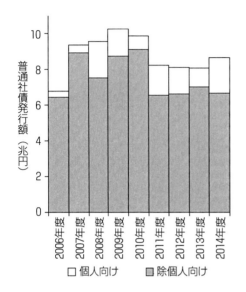
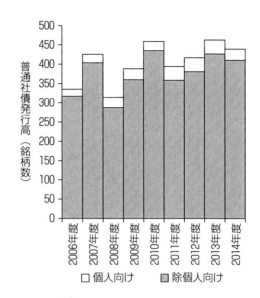

図表11-8　普通社債の発行[11]

　図表11-9は，社債の特徴を銀行貸付，株式と比べたものです。まず，銀行貸付と比べます。社債は，借りた資金を償還する期限があり，発行時に利息の支払い方法を定める点で銀行貸付に似ています。違いは，銀行貸付が銀行から資金を調達するのに対して，社債は多くの投資家から資金を調達する点にあります。つづいて，株式と比べます。社債は，投資家から資金を調達する点で株式に似ています。違いは，株式が出資金を償還する必要がなく，配当を業績や経営戦略に応じて変えられるのに対して，社債は額面を償還する必要があり，発行時に利息の支払い方法を定める点にあります。

	償還，返済	利息，配当	資金提供者と会社との関係
社　債	あり	発行時に確定	社債権者
銀行貸付	あり	借入時に確定	債権者
株　式	なし	業績，戦略次第	株　主

図表11-9　社債の特徴[12]

---

11) 日本証券業協会，公社債発行銘柄一覧からデータを取得し作成。
12) 変動利付債についても支払利息の変動基準を発行時に定める。

2 電子CP

電子化された短期社債のことを電子CPといいます。図表11−10は電子CPの特徴をまとめたものです。電子CPは，各社債の金額が1億円以上で，償還期日が払い込み日から1年未満である短期社債です。電子CPの利息は償還日に元本とともに払われます。

各社債の金額	1億円以上
償還期日	払い込み日から1年未満
利　息	償還時に払う
担　保	なし

図表11−10　電子CP[13]

電子CPは資金繰りに活用されます。資金繰りとは，資金の出入りを管理することです。現預金が足りないと支払いに窮しますし，現預金が余ると資産の利回りが悪くなります。会社は必要なときに，必要な額だけ現預金を持つようにしています。

たとえば，商品を仕入れてから販売するまで，資金が一時的に不足することがあります。また，法人税の納付やボーナスの支給など，一時的に多額の現預金が流出することがあります。このように，「数か月先に入金の見込みがあるが，今手元に現預金がない」ときに会社は電子CPを発行します。資金が一時的に余ることもあります。電子CPの金利は銀行の大口定期より高く，譲渡して換金したり，現先取引で運用したりすることもできます。こうした商品性に魅力を感じれば，余資を電子CPに投資して運用します。

図表11−11　資金繰り

---

13) 会社法676条，社債，株式等の振替に関する法律66条，67条，83条を参照して作成。CP (Commercial Paper) を直訳すると商業手形になるが，手形CPは手形法上の約束手形である。電子CPは社債，株式等の振替に関する法律による短期社債である。ABCPについては本書の範囲を超えるため割愛する。電子化の詳細については本書第12章を参照。

図表11−12は満期3か月の電子CPの金利を，2〜3か月満期の大口定期，都市銀行の新規貸付金利と比べたものです。電子CPの金利は大口定期の金利より若干高い水準で連動してうごいてきました。電子CPの金利を大口定期の金利より高く設定することで，余資運用先としての魅力を高めています。電子CPの金利は都市銀行の貸出金利より低い水準を推移してきました。電子CPの金利を貸出金利より低く設定することで，短期資金調達手段としての魅力を高めています。

　2008年の11月と12月に興味深いうごきがみられます。電子CPの金利が急騰し，銀行の貸出金利より高くなりました。これは2008年9月に起きたリーマンショックの影響で，証券全般に買い手がつかなくなったことを反映しています。証券投資に魅力を感じる投資家が少ないときに証券を買ってもらうには，買い手が納得するような高い金利を払わなければなりません。電子CPの金利が急騰したのはこのためです。第6章でみたように，2008年の秋から冬にかけて，日本銀行と日本政策投資銀行は電子CPを買い支える対応策を実施しました。これにより投資家心理は正常化し，2009年にはいると電子CPの金利は落ち着きました。

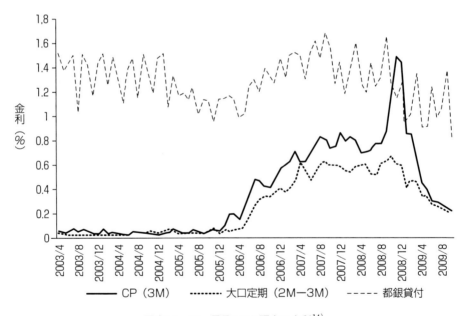

図表11−12　電子CPと預金の金利[14]

---

14) 日本銀行，短期金融市場金利，日本銀行，定期預金の預入期間別金利，日本銀行，貸出約定平均金利（都市銀行の新規・総合）からデータを取得し作成。CPの金利は手形CPを含めたCPの発行金利である。CPの金利データは2009年11月から証券保管振替機構が扱うようになった。図表のような平均金利も公表いただければ幸いである。

図表11－13は電子CP発行の手順を表しています。以下，この順に説明します。

1	発行決議
2	格付けの取得
3	発　行

図表11－13　電子CP発行の手順[15]

　まず，電子CPの発行を取締役会で決議します。社債の場合，社債を発行するたびに取締役会で決議することが多いようですが，電子CPは短期の資金繰りのために発行されますので，発行のたびに取締役会で決議するのは手間がかかり現実的ではありません。そこで，電子CPの発行枠（プログラム・アマウント）を取締役会で決議し，その枠内での発行は会社の財務担当者に任せるようにしています。

　発行枠は例年の資金需要を一定の余裕をもって満たすように設定されます。たとえば，短期資金の調達額が図表11－14のように推移する会社は，発行枠を650億円に設定するのがよいと考えられます。

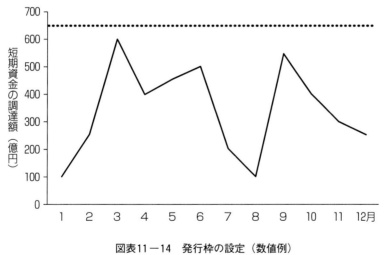

図表11－14　発行枠の設定（数値例）

---

15) 電子CP発行の詳細は，有価証券の引受け等に関する規則，「有価証券の引受け等に関する規則」に関する細則，国内CP等及び私募社債の売買取引等に係る勧誘等に関する規則，自主規制ハンドブック（いずれも日本証券業協会），企業の資金調達の円滑化に関する協議会（企業財務協議会）・日本資本市場協議会，新会社法におけるCP（短期社債）プログラムの取締役会決議についてを参照。

つづいて，設定した発行枠の格付けを取得します。社債の項目で説明したように，格付機関はそれぞれ独自のランク表を持ちますが，金融庁はそれらを図表11－15のように国際決済銀行のランク表に読み替えています。

格付け	リスク・ウエイト
A-1／P-1	20％
A-2／P-2	50％
A-3／P-3	100％
A-3／P-3未満	150％

図表11－15　国際決済銀行の格付け[16]

格付けを取得した後，会社は必要に応じて電子CPを発行します。発行のしかたには，銀行や証券会社が引き受ける引受発行と，引き受け業者を介さずに投資家へ直接販売する直接発行がありますが，ここでは引受発行について説明します。

発行会社は発行予定日の2営業日前までに，発行金額，満期までの期間，金利などを決めます。引き受け業者は，少人数私募形式で電子CPを販売します。

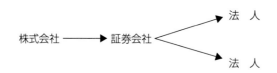

図表11－16　電子CPの引き受け[17]

図表11－17はCPの発行額を表しています。2005年4月に手形CPの発行額が急減し，電子CPの発行額が急増しています。これは2005年3月で手形CPの印紙税の特別措置が廃止されたことを反映しています。制度変更を機に，印紙税がかかる手形CPから印紙税がかからない電子CPへの移行が進みました[18]。電子CPの発行額は2005年4月以降順調に増えましたが，2008年秋に発生したリーマンショックを契機に4兆円ほど減りました。

---

16) Bank for International Settlements（2006），金融庁，バーゼルⅡにおいて利用可能な格付機関の選定について，金融庁，バーゼルⅡにおける適格格付機関の格付と告示上のリスク・ウエイトとの対応関係（マッピング）についてを参照して作成。犬飼他編（2004, p.107）によれば，格付け取得までに2週間から1か月を要する。バックアップラインについては本書の範囲を超えるため説明を割愛する。

17) 金融商品取引法2条を参照して作成。短期社債は社債原簿を作成する必要がない。振替口座簿等については本書第12章を参照。

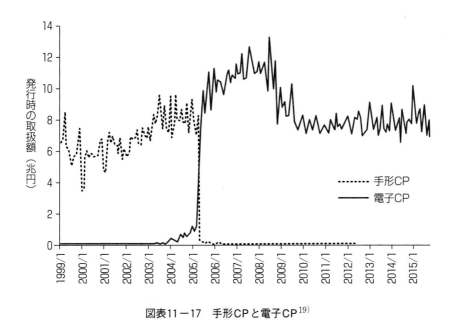

図表11−17　手形CPと電子CP[19]

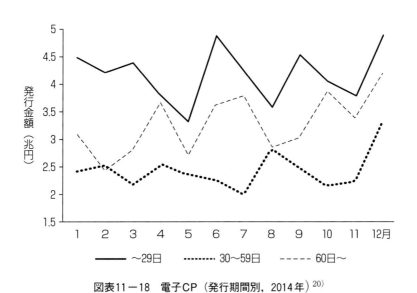

図表11−18　電子CP（発行期間別，2014年）[20]

---

18) 10億円の額面の手形CPを発行するときの手数料は5,000円から20万円へ増えた。租税特別措置の廃止については，2005年の財務省，別冊ファイナンス，租税特別措置法（酒税・たばこ税・印紙税・石油石炭税・航空機燃料税関係）の改正を参照。
19) 日本証券業協会，短期社債等及び私募社債の取引状況等からデータを取得し作成。手形CPと電子CPの違いについては日本資本市場協議会（2004）を参照。
20) 証券保管振替機構，統計情報，月次統計からデータを取得し作成。

前ページの図表11-18は2014年の電子CP発行金額を，満期までの期間別に表しています。図表をよくみると，満期までの期間が29日までの電子CPは3月，6月，9月，12月の発行金額が多く，満期までの期間が30日から59日までの電子CPは2月，4月，8月，12月の発行金額が多く，満期までの期間が60日以上の電子CPは1月，4月，7月，10月，12月の発行金額が多いことを読み取れます。電子CPは四半期の期末越えの資金を調達するために発行されているようです。1か月満期の電子CPは四半期末の月に，1〜2か月満期の電子CPは四半期末の前の月に，満期まで2か月以上の電子CPは四半期末の2〜3か月前に発行金額が多いようです。

参考文献

- 犬飼重仁・勝藤史郎・鈴木裕彦・吉田聡編『電子コマーシャルペーパーのすべて』東洋経済新報社，2004年。
- 住友信託銀行『活発化する個人向け社債の発行』住友信託銀行調査月報2009年12月号，2009年。
- 日本資本市場協議会『電子CPに関する再改訂Q&A集』2004年。
- Berle, Adolf A., and Gardiner C. Means著，森杲訳『現代株式会社と私有財産』北海道大学出版会，2014年。
- Basel Committee on Banking Supervision, 2006, International Convergence of Capital Measurement and Capital Standards, A Revised Framework Comprehensive Version, Bank for International Settlements.

Reading List

- 犬飼重仁『電子CPのメリットとCP市場の要件』R&I大阪セミナー「電子CPの活用法」，2006年。
- 犬飼重仁編『わが国企業グループキャッシュマネジメント高度化への提言―グローバリゼーション下の企業財務の対応と実践―』総合研究開発機構（NIRA），企業財務協議会・日本資本市場協議会，2008年。
- 東短リサーチ株式会社編『東京マネー・マーケット』第7版，2009年。
- 西山茂『キャッシュマネジメント入門 グループ企業の「資金の見える化」』東洋経済新報社，2013年。
- みずほ銀行証券・信託業務部編『私募債の実務』改訂版，金融財政事情研究会，2007年。
- 吉井一洋『わが国社債市場の問題点』日本証券アナリストジャーナル，47, 10, 55-70, 2009年。

第12章

証券の決済

　第10章で株式の発行について学び，第11章で社債と電子CPの発行について学びました。本章では証券の決済について説明します。

❶ 証券の電子化

　証券はその名が示すように紙片です。美しい紙片は所有欲を満たしますが，譲渡に手間がかかります。図表12－1は株券発行会社の株式の譲渡を表しています。株式を譲渡するには，株式の売り手が買い手に株券を渡し，買い手が受け取った株券を占有していることを株主名簿管理人に伝え，株主名簿管理人が株主名簿を書き換えなければなりません。年間7,000億株を超える売買がある株式を，このような手順で譲渡するのは困難です[1]。

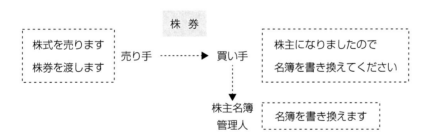

図表12－1　株券発行会社の株券譲渡[2]

　譲渡の手間を減らすために，証券は段階的に電子化されてきました。第2部で説明している株券，社債券，CPのうち最も早く電子化されたのは，少数のプロ投資家向けに発行されるCPでした。CPの電子化が滞りなく完了したことをみて，2006年に社債が電子化されました。取引高が多く，所有者も幅広い上場会社の株券は2009年に電子化されました。これらの証券のほかにも，国債，地方債，投資信託，ETFがこれまでに電子化されています[3]。

---

1) 日本取引所グループ，統計月報から売買株数のデータを取得。
2) 株式については会社法127条から133条を，社債については会社法688条と689条を参照。

証　券	電子化
電子CP	2003年3月
社　債	2006年1月
上場株券	2009年1月

図表12－2　証券の電子化[3]

　電子化された証券の所有者は振替口座簿で特定します。振替口座簿とは，誰がどの証券をどれだけ保有しているかを記す名簿です。この名簿は証券保管振替機構（ほふり）と口座管理機関が管理します。電子化された証券の譲渡は，売り手の口座残高を減らし，買い手の口座残高を増やして済ませます。これを証券の振替といいます。

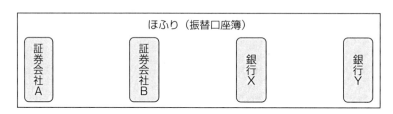

図表12－3　振替口座簿[4]

　図表12－4は振替口座簿の詳細を表しています。口座振替機関である証券会社Aは，ほふりに振替口座簿を持ちます。口座簿には証券会社A自らが証券を保有するときに利用する自己口座と，証券会社Aの顧客や証券会社Aの系列証券会社が証券を保有するときに利用する顧客口座があります。証券会社aの口座にも，証券会社a自らが証券を保有するときに利用する自己口座と，証券会社aの顧客などが証券を保有するときに利用する顧客口座があります。振替口座簿はこのような階層をなしています。
　証券会社Aの顧客が株式を1,000株譲渡するとき，ほふりは証券会社Aの振替口座簿（顧客口）の株式残高を1,000株分減らし，それを証券会社Aへ伝えます。連絡を受けた証券会社Aは自らが管理している振替口座簿にある顧客口座の株式残高を1,000株減らします。
　証券会社Aのように，ほふりに振替口座簿を持つ金融機関を直接口座管理機関といいます。証券会社aのように，直接口座管理機関に振替口座簿を持つ金融機関を間接口座管理

3）日本証券業協会，自主規制用語集によると，証券の電子化は次のように段階的に進んだ。国債（2003年1月），地方債等（2006年1月），投資信託（2007年1月），ETF（2008年1月）。社債，株式等の振替に関する法律2条によると，電子化されている証券は21種類ある。電子記録債権については株式会社全銀電子債権ネットワーク（2014）を参照。
4）社債，株式等の振替に関する法律68条と社債，株式等の振替に関する命令2条を参照して作成。

機関といいます。株式の直接口座管理機関は175社，間接口座管理機関は114社あります。社債など一般債の直接口座管理機関は84社，間接口座管理機関は434社あります。電子CPの直接口座管理機関は66社，間接口座管理機関は46社あります[5]。

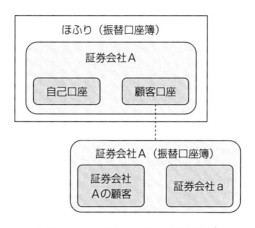

図表12－4　振替口座簿の階層構造[6]

証券の振替が制度化されたことを受けて，証券決済の電子化が進められています。証券決済のプロセスは，図表12－5が示すように，取引，照合，清算，決済からなります。取引とは，売り手と買い手が証券の売買を約束することです。照合とは，売買する証券の銘柄，価格，取引数量などに間違いがないか確認することです。清算とは，複数の売買をまとめて，受け渡す証券や決済する金額を減らすことです。決済とは，清算によって明らかになった証券の受け渡しと資金の決済を行うことです。

証券の決済を完全に電子化すれば，電話をしたり，Faxを送信したり，取引情報を再入力したりする手間が省けますので，大量の売買を速やかに決済することができます。以下，上場株式，社債，電子CPについて，電子化された決済の手順をみることにします。

図表12－5　Straight Through Processing（STP）[7]

---

5) 証券保管振替機構，制度参加者一覧から2015年12月24日現在のデータを取得。
6) 社債，株式等の振替に関する法律66条から72条と128条から139条，中央三井信託銀行証券代行部（2009, p.xii），高橋編（2011, p.145, p.310）の図を参照して作成。
7) 中島・宿輪（2008, p.2）の図1－1，証券保管振替機構，金融資本市場における証券保管振替機構の役割を参照して作成。

2 上場株式の決済

　上場株式は，投資家が証券口座を持つ証券会社を介して売買されます。ここでは，売り手と買い手がともに直接口座管理機関に口座を持つ場合の決済について説明します[8]。図表12－6のように，取引所に株式会社1社だけが上場しており，その日の取引が証券会社Aに口座を持つ投資家Pが証券会社Bに口座を持つ投資家Qへ1株500円で1万株売る取引と，証券会社Bに口座を持つ投資家Sが証券会社Aに口座を持つ投資家Rへ1株500円で8,000株売る取引だけであったとしましょう。

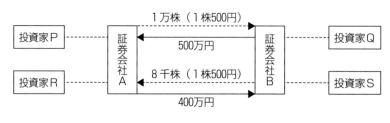

図表12－6　取　引[9]

　取引が成立した後，日本取引所は証券会社Aと証券会社Bに注文が約定したことを連絡します。連絡を受けた証券会社は，投資家の注文にそった取引が成立したか確認します。

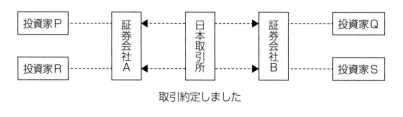

図表12－7　照　合

　照合を終えた2件の取引は，証券会社のあいだで決済されます。証券会社Aは1万株を渡す債務と400万円を払う債務を負い，証券会社Bは500万円を払う債務と8,000株を渡す債務を負います。

---

8) 証券保管振替機構, 株式等の振替に関する業務規程, 日本証券クリアリング機構, 説明会資料に沿って記述した。本書の範囲を超える部分についてはこれらの資料を参照。
9) 証券会社は顧客から受けた注文を日本取引所へ提出する。証券会社から提出された注文は，一定の手順に従い，執行される。手順の詳細はTokyo Stock Exchange（2015）を参照。紙面の制約から証券会社の間に立つ日本取引所を図示していない。

証券決済の仲介者である日本証券クリアリング機構（JSCC）は，証券会社 2 社から証券と金銭の債務を引き受けます。JSCCが債務を引き受けることで，たとえ証券会社Aが 1 万株の引き渡し不能に陥っても証券会社BはJSCCから 1 万株を受け取ることができ，証券会社Bが500万円の支払い不能に陥っても証券会社AはJSCCから500万円を受け取ることができます。債務引受によって証券決済の安全性は高まります。

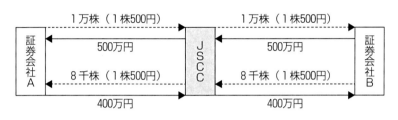

図表12－ 8 　債務引受

　JSCCは債務を引き受けるとともに，証券会社Aから 1 万株と400万円を，証券会社Bから 8 千株と500万円を受け取る権利を得ます。これらの債権と引き受けた債務をあわせて，図表12－ 9 のように，証券会社AがJSCCへ2,000株を100万円で売る取引と，JSCCが証券会社Aへ2,000株を100万円で売る取引にまとめます。債権と債務をまとめて受け渡す株式と資金を減らし，決済の効率を高めるこの作業を清算といいます。

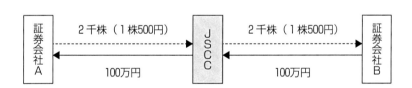

図表12－ 9 　清　算

　清算をして明らかになった株式の受け渡しと資金の決済は，取引が約定した翌日から 3 営業日目に行われます。取引約定日をTという記号で表して，これを「T＋3」と表記することがあります[10]。

---

10) 現在T＋ 2 化に向けて議論が進んでいる。日本証券業協会，株式等の決済期間の短縮化に関する検討ワーキング・グループを参照。

図表12－10は決済日のようすを表しています。決済日の13時に，証券を引き渡す証券会社AはJSCCに2,000株を渡します。株式の購入代金を払う証券会社BはJSCCに現金担保として100万円を提供します。株式の受け渡しは，証券会社とJSCCがほふりに持つ振替口座簿の書き換えで済ませます。資金の決済は，証券会社とJSCCが日本銀行に持つ日銀当座預金の振り替えで済ませます。証券会社Bから100万円を受け取ったことを確認してから，JSCCは証券会社Aから受け取った2,000株を証券会社Bへ渡します。結果として，証券会社Aの振替口座簿の残高は2,000株減り，証券会社Bの振替口座簿の残高は2,000株増えます。証券会社Bの日銀当座預金は100万円減り，JSCCの日銀当座預金は100万円増えます。

　14時15分に，JSCCは現金担保として保管していた100万円を証券会社Aへ支払うために準備し，14時45分に支払います。上場株式の決済は，清算して明らかになった株式の受け渡しと資金の決済をリンクさせて行うことから，ネット＝ネット型のDelivery versus Payment（DVP）といいます。

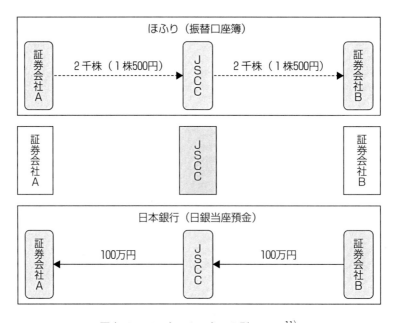

図表12－10　ネット＝ネット型のDVP[11]

11）日本証券クリアリング機構，現物取引，DVP決済の図を参照して作成。図は清算参加者が日本銀行を決済銀行に選定した場合を表している。詳細は日本証券クリアリング機構，説明会資料2002年7月26日付，資金決済銀行の概要を参照。日本証券クリアリング機構は，三菱東京UFJ銀行，三井住友銀行，りそな銀行，みずほ銀行，七十七銀行，シティバンク銀行の6行を資金決済銀行に指定している。

決済が終わると，4人の投資家の振替口座簿残高と預金残高は図表12-11のようになります。株式の決済は複雑であることがわかります。

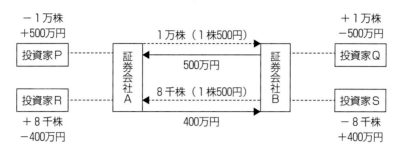

図表12-11　決済後のポジション[12]

上場株式は日々取引され，次々と譲渡されます。譲渡のたびに振替口座簿は書き換えられますが，株主名簿は株主総会などのために会社が定めた基準日の株主が確定したときに書き換えられます。ほふりは基準日の総株主を株主名簿管理人に知らせ，連絡を受けた株主名簿管理人は株主名簿を書き換えます。株主名簿管理人は，株式会社に基準日株主を伝えます[13]。

次ページの図表12-12は，上場株式のうち内国株式の取引と決済を表しています。株式の決済用資金を表す左図をみると，JSCCが引き受ける取引所取引の資金のうち95％ほどが内国株式の決済用であることがわかります。JSCCが引き受けた内国株式の決済用債務は2012年の1兆5,000億円から2013年の3兆2,000億円へ倍増した後，2014年に2兆9,000億円となりました。決済金額は引き受けた債務の20分の1ほどです。

株数を表す右図をみると，JSCCが1営業日に引き受ける株式数は，株式市場の活況を反映して2012年の26億株から2013年の42億株へ増えました。2014年には33億株となり2013年から減りましたが，依然として高い水準にあります。決済株数は引き受けた株数の5分の1ほどです。

資金の縮減率が株式の縮減率より高いのは，株式の受け渡しが銘柄ごとにまとめられるのに対して，資金の決済が清算参加者である証券会社ごとにまとめられるためです。

---

12) リテール決済の説明は本書の範囲を超えるため割愛した。
13) 社債，株式等の振替に関する法律151条から154条を参照。社債，株式等の振替に関する法律151条8項の「正当な理由」については日本証券業協会，総株主通知等の請求・情報提供請求における正当な理由についての解釈指針を参照。

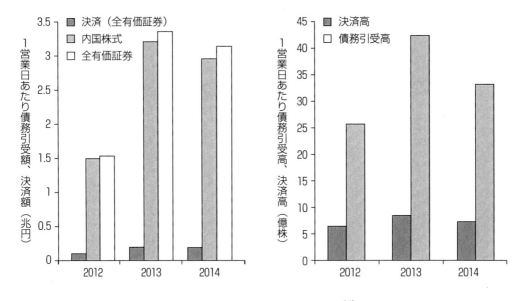

図表12−12　内国株券の取引と決済[14]

❸ 普通社債，電子CPの決済

　普通社債と電子CPも，振替口座簿を書き換えて譲渡します。社債，株式等の振替に関する法律は，社債と電子CPを第四章でまとめて扱っています。ここでは，決済の手順にまぎれが少ない電子CPを中心にみることにします[15]。

　証券会社Aが保有する10口の電子CPを証券会社Bに10億円で譲渡することを例に説明します。証券会社Aと証券会社Bのあいだで取引が約定すると，証券会社Aは譲渡する電子CPの銘柄，譲渡する口数，売買金額，売却先である証券会社Bなどをほふりに伝えます。連絡を受けたほふりは，取引の内容を証券会社Bへ伝えます。証券会社Bは，取引の内容に間違いがないか確認した後，決済へ移行することを承認する旨ほふりに伝えます。

---

14) 日本証券クリアリング機構，統計情報，取引所取引からデータを取得し作成。右図の決済金額は引受債務総額に対するものである。内国株の決済額のデータがないため，代わりに掲げた。清算参加者については日本証券クリアリング機構，上場商品，清算参加者一覧を参照。

15) 社債，株式等の振替に関する法律66条から87条，証券保管振替機構，社債等に関する業務規程，証券保管振替機構，社債等に関する業務規程施行規則，証券保管振替機構（2002），証券保管振替機構（2016）に沿って記述した。非DVP決済については本書の範囲を超えるため割愛する。

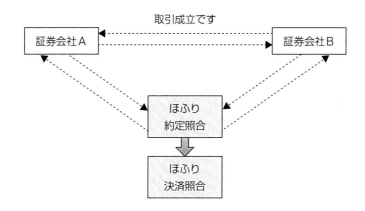

図表12－13　約定照合

　照合後，約定した売買を振替システムに連動させて，決済の手続きに入ります。ほふりは証券会社Aの振替口座簿にある電子CPの残高を10口だけ減らして振替口へ振り替えます。振り替えが終わると，電子CPの銘柄，譲渡する口数，資金決済に要する金額などを証券会社Aと証券会社Bへ伝えます。

　ほふりは，「電子CPを買うために証券会社Bが日銀当座預金を振り替えます」と日本銀行へ伝えます。連絡を受けた日本銀行は，証券会社Bの日銀当座預金を10億円減らし，証券会社Aの日銀当座預金を10億円増やして決済し，決済を終えたことをほふりに伝えます。連絡を受けたほふりは，振替口に待機している10口の電子CPを証券会社Bの振替口座簿へ振り替えます。

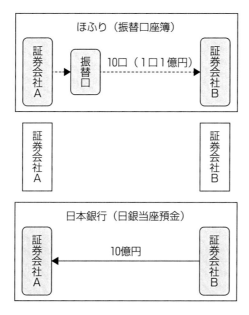

図表12－14　グロス＝グロス型のDVP

電子CPの決済は，清算せずに証券の受け渡しと資金の決済をリンクさせて行うことから，グロス＝グロス型のDVPといいます。普通社債の決済もおおよそ同じ手順で行われます[16]。

図表12－15は普通社債の振替のようすを表しています。決済額を表す左図をみると，毎年ほぼ同じ額の普通社債が発行され，償還されていることがわかります。振替については，DVP決済の金額が減り，非DVP決済の金額が増えています。ほふりも国際決済銀行も証券と資金の取りはぐれを防ぐDVPを勧めていますが，普通社債の市場では，DVPではない取引が盛んになっているようです。この傾向は，取引件数を示す右図をみるとより明らかになります。非DVPの取引件数は2014年度に35万件に達し，DVPの12万件の3倍ほどになっています[17]。

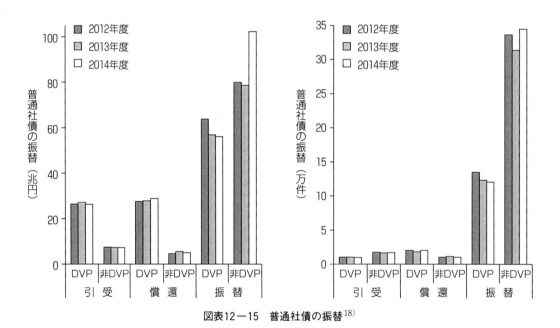

図表12－15　普通社債の振替[18]

図表12－16は電子CPの振替のようすを表しています。決済額を表す左図をみると，毎年度ほぼ同じ額の電子CPが引き受けられ，償還されていることがわかります。振替については，2014年度にDVP決済の額が急増したことが目立ちます。非DVP決済の額には大きな変化がありませんでした。件数を表す右図をみると，左図とおなじように，2014年度にDVP決済の件数が急増したことがわかります。

---

16) 2015年10月13日に新日銀ネットが全面稼働し，一般社債等のDVP決済に日銀当座預金（同時決済口）を利用できるようになった。日本銀行（2015）を参照。
17) 証券保管振替機構（2015）によれば，非DVPの件数が多いのは同一の機構加入者の口座で振替が行われることが多いためである。
18) 証券保管振替機構，統計情報からデータを取得し作成。

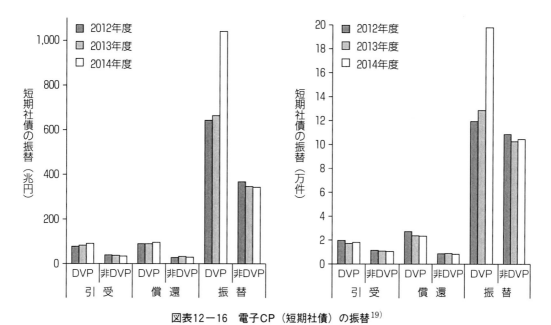

図表12－16　電子CP（短期社債）の振替[19]

> **参考文献**

- 株式会社全銀電子債権ネットワーク『「でんさい」のすべて』きんざい，2014年。
- 証券保管振替機構『短期社債振替制度の基本要綱』2002年。
- 証券保管振替機構『2014年における一般債振替制度の利用状況』2015年。
- 証券保管振替機構『一般債振替制度に係る業務処理要領』2016年。
- 高橋康文編著，尾崎輝宏著『逐条解説 新 社債，株式等振替法』きんざい，2011年。
- 中央三井信託銀行証券代行部『株券電子化後の株式実務』商事法務，2009年。
- 中島真志・宿輪純一『証券決済システムのすべて』第2版，東洋経済新報社，2008年。
- 日本銀行『新日銀ネットの全面稼働開始』2015年。
- Tokyo Stock Exchange, 2015, Guide to TSE Trading Methodology.

> **Reading List**

- 株式決済期間短縮（T＋2）に関する勉強会事務局『株式決済期間短縮（T＋2）に関する勉強会 報告書』日本証券業協会，2015年。
- 証券保管振替機構『一般債振替制度について』2007年。
- 証券保管振替機構『一般債の振替決済に関するQ&A』2012年。
- 日本銀行「わが国決済システム等に関する主な動き（年表）」『決済システムレポート2012-2013』参考資料，2013年。
- 三菱UFJ信託銀行証券代行部編著『株券電子化と移行のポイント』商事法務，2008年。

19）証券保管振替機構，統計情報からデータを取得し作成。

おわりに

「経済学者は現実を見ていないのではないか」という自省が，本書を書くきっかけとなりました。書き終えた今，現実をひとつひとつ積み上げる難しさと大切さを改めて感じています。これからまた少しずつ知識を集め，より詳細なファイナンスの見取り図を手にしたいと考えています[1]。

ともすると巨額M&Aなど華々しい報道に目が行きがちですが，それはファイナンスという大海の表面に現れる波にすぎません。海の大部分がしんと静まり返っているように，ファイナンスの大部分も静かな世界です。

深海に多様な生命が息づくように，社会基盤としてのファイナンスも多様な人と組織がかかわる豊かな世界です。読者の方々にとって，本書がそうした世界を垣間見る機会となれば幸いです。

波乱の時代は，本質がみえる時代でもあるようです。経済学者の一人として，ものごとを冷静にみていきたいと思います。

---

1) Keynes, John Maynard, 1936, The General Theory of Employment, Interest and Money（in The Collected Writings of John Maynard Keynes, VII, p.33）に「このようなことから，つい最近まで，正統派の経済学者が古典派の学説に疑問を呈することはなかった。他方，実務家は科学的な予測に向かないこの学説に愛想を尽かしてしまった。Malthusの後，経済学者は，理論の帰結と観察される現実に関係が見いだされなくても，まったく心を動かされなくなった—しかし，人々はそれを見過ごさなかった。結果として，理論の帰結を事実によって確かめられる科学の研究者に払う尊敬の念を経済学者に払いたくない，という気運が高まってきているのである」（訳文は筆者）とある。

索　引

ア

一般会計	51
一般法	97
営業毎旬報告	62
大口内為	18

カ

格付け	128
額面	127
株式会社	100
株式の譲渡	116
株主資本等変動計算書	110
株主総会	112
貨幣	4
議決権	112
基準日	112
基準割引率	72
強制通用力	5
銀行券要因	49
金融商品取引所	117
金融調節	56
グロス＝グロス型のDVP	148
決済	3
現金通貨	4
減資	116
口座管理機関	140
公募	120
国債の中央銀行引き受け	88
小口内為	16
国家貨幣	4
コリドー	74
コール市場	36
コールレート	64

サ

債権	3
最後の貸し手	74
財政等要因	49
財政ファイナンス	88
債務	3
資本金	102
資本準備金	106
資本多数決	101
社債	127
───管理者	130
───原簿	130
純資産	109
準備預金制度	31
証券の電子化	139
証券保管振替機構（ほふり）	140
剰余金	107
───配当請求権	107
信用循環	33
信用創造	26
すくみ	19
Straight Through Processing（STP）	141
政府紙幣	89
全銀システム	14
増資による希薄化	126
損益計算書	107

タ

短国売現先	57

短国買入 …………………………………57
短資会社 …………………………………41
たんす預金 ………………………………10
長国買入 …………………………………57
通貨発行益 ………………………………91
定款 ………………………………………103
適格格付機関 …………………………128
電子CP …………………………………133
登記 ………………………………………105
当座預金 …………………………………12
特別会計 …………………………………52
特別法 ……………………………………97
取締役会 ………………………………114

ナ

2000年問題 ………………………………9
日銀当座預金 ……………………………36
日本銀行券 …………………………………4
日本銀行のバランスシート ……………60
日本国債VIX ……………………………83
日本証券クリアリング機構（JSCC）……143
日本取引所 ……………………………117
ネット＝ネット型のDelivery versus Payment
（DVP）………………………………144

ハ

配当 ………………………………………107
ハイパーインフレ ………………………87
ハイパワードマネー ……………………36
発行可能株式総数 ……………………120
発行枠（プログラム・アマウント）………135

普通預金 …………………………………12
ブックビルディング …………………122
振替口座簿 ……………………………140
ペイオフ …………………………………12
法人 ………………………………………99
法定準備預金 ……………………………31
募集株式の発行 ………………………120
発起人 …………………………………103
ホールセール決済 ………………………15

マ

マネーストック …………………………23
無限責任 ………………………………100
無担保コール ……………………………39
　　―――翌日物 ………………………67
持分会社 ………………………………100

ヤ

有限責任 ………………………………100
有担保コール ……………………………39
預金通貨 …………………………………12
預金取扱機関 ……………………………34

ラ

ライン・チェック ………………………42
利札（クーポン）………………………127
リスクプレミアム ………………………79
リテール決済 ……………………………14
リーマンブラザーズ ……………………70
流動性プレミアム ………………………91
量的・質的金融緩和 ……………………76

《著者紹介》
佐々木浩二（ささき・こうじ）

所　属　専修大学経営学部
略　歴　1996年　早稲田大学社会科学部　学士（社会科学）
　　　　1998年　早稲田大学大学院社会科学研究所　修士（学術）
　　　　1999年　Management School, Lancaster University,　MSc in Finance
　　　　2004年　School of Economics, Mathematics and Statistics, Birkbeck College,
　　　　　　　　University of London,　Doctor of Philosophy

東京都立大学COE研究員，東京都立大学経済学部非常勤講師，日本大学経済学部非常勤講師，日本銀行金融研究所客員研究生，労働政策研究・研修機構アシスタントフェロー，大東文化大学経済学部講師などを経て現職。

主要論文　『マクロ経済入門―ケインズの経済学』（第 2 版，2014年，創成社），Informational Leverage: The Problem of Noise Traders, Annals of Finance, 4, 4, 455-480（with Norvald Instefjord, 2008年），Proprietary Trading Losses in Banks: Do Banks Sufficiently Invest in Control?, Annals of Finance, 3, 3, 329-350（with Norvald Instefjord, 2007年）など。

（検印省略）

2016年 4 月20日　初版発行　　　　　　　　　　　　　　　略称―ファイナンス

ファイナンス
― 資金の流れから経済を読み解く ―

著　者　佐々木　浩　二
発行者　塚　田　尚　寛

発行所　東京都文京区　　株式会社　創　成　社
　　　　春日 2 - 13 - 1

電　話 03（3868）3867　　Ｆ Ａ Ｘ 03（5802）6802
出版部 03（3868）3857　　Ｆ Ａ Ｘ 03（5802）6801
http://www.books-sosei.com　　振　替 00150-9-191261

定価はカバーに表示してあります。

©2016 Koji Sasaki　　　　　　　　　　　　　組版：でーた工房　　印刷：亜細亜印刷
ISBN978-4-7944-3168-4 C3033　　　　　　　製本：宮製本所
Printed in Japan　　　　　　　　　　　　　落丁・乱丁本はお取り替えいたします。